Olaf Irlenkäuser

99 ORTE
IN HAMBURG

CULTURCON *medien*

Der Autor

Olaf Irlenkäuser studierte Slavistik, Germanistik und Osteuropäische Geschichte in Trier, Moskau und Köln. Langjähriger Buchhändler und Lektor, heute freier Autor. Zuletzt erschienen „Das Buch der Bücher" und „Hamburg. 69 Dichter und ihre Stadt" (beide Hoffmann und Campe 2006), er schrieb für die ZEIT-Stiftung „Russland in Hamburg" (Ellert & Richter 2007), danach zwei Architekturführer über Blankenese und die Alstervillen (CULTURCON 2008, 2009). Außerdem erschienen 2009 bei CULTURCON „Hamburg. Geschichte & Geschichten" sowie „Baukultur in der Lüneburger Heide" und „Lüneburger Heide. Geschichte & Geschichten". Er wohnt in der Nordheide und arbeitet in Hamburg.

Impressum

Bibliografische Information der Deutschen Nationalbibliothek:
Die Deutsche Nationalbibliothek verzeichnet diese Publikation in der Deutschen Nationalbibliografie; detaillierte bibliografische Daten sind im Internet über http://dnb.d-nb.de abrufbar.

CULTURCON *medien*
Bernd Oeljeschläger

Choriner Straße 1, 10119 Berlin
Telefon 030/34 39 84 40, Telefax 030/34 39 84 42

Ottostraße 5, 27793 Wildeshausen
Telefon 04431/95 59 78, Telefax 04431/95 59 79
www.culturcon.de

Gestaltung: Ines Mühlenhoff
Bildbearbeitung: Bernd Böhlendorf
Titelfoto: ©Bernd Sterzl
Druck: Print & Media
18337 Dänschenburg

Berlin/Wildeshausen 2010
Alle Rechte vorbehalten.

ISBN 978-3-941092-24-2

INHALT

- 5 Vorwort
- 6 ABC-Straße
- 7 Afrikahaus
- 8 Airbus-Werk
- 10 Albatros in St. Katharinen
- 11 Altenwerder Kirche
- 12 Alter Elbtunnel
- 14 Altonaer Balkon
- 16 Ballinstadt
- 17 Barkassen-Hafenrundfahrt
- 18 Bergedorfer Schloss
- 20 Bischofsturm
- 20 Bismarck-Denkmal
- 22 Bodos Bootssteg
- 22 Börse
- 24 Brendler
- 24 Buchhandlung im Literaturhaus
- 26 Burg Henneberg
- 27 Café Liebermann in der Kunsthalle
- 28 Café Paris
- 29 Chilehaus
- 31 Christianskirche
- 32 Deichtorhallen
- 33 Dialog im Dunkeln
- 34 Dockland
- 36 Dreehus
- 37 Düker unter der Lombardsbrücke
- 38 Eiskeller im Hotel Louis C. Jacob
- 40 Elb-Brücke
- 41 Fähre 62
- 42 Fischauktionshalle
- 44 Fischbeker Heide
- 46 Fleetschlösschen
- 46 Freibad Finkenwerder
- 48 Garten der Alma de l'Aigle
- 48 Gartenhaus von Salomon Heine
- 50 Görtz-Palais
- 52 Grindelviertel
- 53 Grüne Brücke
- 54 Hafenbahn
- 55 Hafenschuppen
- 56 Hamburger Jedermann
- 57 Hamburg-Triathlon
- 58 Harburger Schloss
- 60 Heine-Haus
- 60 Herrensaal in St. Jacobi
- 61 Holthusenbad
- 63 Hulbe-Haus
- 64 Isemarkt

65 Jarrestadt	99 Rathaus-Innenhof
66 Jenischpark	100 Rickmer Rickmers
67 Jüdischer Friedhof	101 Riedemann-Mausoleum
69 Kanzlerhaus	103 Röhrenbunker
70 Köhlbrandbrücke	103 Römischer Garten
73 Krugkoppelbrücke	104 Ruderboot in den Alsterfleeten
73 Krypta in St. Michaelis	
75 Krypta im Mahnmal St. Nikolai	106 Russische Kirche
	107 Schimmelmann-Mausoleum
76 Laeiszhof	
77 Lange Reihe	108 Schröderstift
77 Lessing-Denkmal	110 Schweinesand
79 Leuchtturm Neuwerk	111 Seemannsschule
80 Marco-Polo-Terrassen	112 Seemannskirchen
82 Mellin-Passage	114 SeHHhafen
84 Millerntorstadion	115 Stadtpark
85 Miniatur-Wunderland	116 Sternwarte Bergedorf
86 Müllberge	118 Strand Steinwerder
87 Münzburg	119 Strand Wittenbergen
88 Museum der Arbeit	120 Strandperle
89 Museumshafen Oevelgönne	121 Teehaus
	123 Theaterkantine im Schauspielhaus
91 Oberhafen-Kantine	
93 Orgel von St. Petri	123 Trostbrücke
94 Patriotische Gesellschaft	124 Wallanlagen
95 Portugiesenviertel	127 Warburg-Bibliothek
96 Pressehaus Speersort	129 Wasserturm
97 Puppenmuseum	131 Willkomm-Höft

Vorwort.
Geschichten von früher für Menschen von heute

Städte lassen sich lesen, denn sie bestehen nicht nur aus Häusern, sondern auch aus Geschichten. Und diese Geschichten handeln fast immer von Menschen. Auf den Spuren der Vergangenheit unserer Stadt gibt es überraschende Entdeckungen zu machen. Kennen Sie das älteste Schaufenster Hamburgs? Waren Sie schon mal im Schellfischtunnel? Und haben Sie schon einmal am Elbstrand gelegen? Mit diesem Buch können Sie 99 Orte der schönen und feinen Hansestadt Hamburg kennenlernen, von denen Sie wahrscheinlich die meisten noch nicht kennen. Jeder dieser Orte erzählt eine ganz eigene Geschichte über sich wie über Hamburg und seine Bewohner. Eine Zeitreise durch die Stadt.

Das Verborgene und Geheimnisvolle zu ergründen, ist in diesem Buch ausdrücklich erwünscht. Denn Städte bestehen nicht nur aus sichtbaren Gebäuden und Straßen, sondern sind auch Schauplätze von Geschichten, die längst vergangen sind. Dieses Buch will die Geschichte Hamburgs für die Menschen von heute lebendig werden lassen und so ein besseres Verständnis der alten Hansestadt ermöglichen. Schließlich sieht man nur, was man weiß.

In diesem Buch können Sie sowohl im Sommer jenseits der ausgetretenen Touristenpfade Entdeckungen machen als auch im Winter auf dem Lehnsessel den Gedanken darüber nachhängen, was es in Hamburg alles zu entdecken gibt. Denn nur selten liest man in den üblichen Reiseführern vom Meister-Francke-Altar, von Pudeln auf alten Kontorhäusern oder vom einzigen Schloss in Hamburg. 99 Orte in Hamburg – das sind 99 mögliche Ausflüge, die man mit Freunden oder der Familie unternehmen kann. Dieses Buch erzählt von der Bille, der Alster und der großen Elbe, von großen und kleinen Fischen, von dicken und dünnen Pötten. Und von ganz viel Liebe zur schönen Hafen- und Hansestadt Hamburg.

ABC-Straße

Der Schriftsteller Karl Gutzkow (1811-1878) war ab 1838 Redakteur der Hamburger Zeitschrift „Telegraph für Deutschland", einer führenden Zeitschrift der politisch-literarischen Bewegung „Junges Deutschland", die im Verlag Hoffmann und Campe erschien. Über die Räumlichkeiten der Redaktion in der ABC-Straße schrieb er: „Hamburgs ewig grauen Himmel hat Heine erfunden; es gibt in Hamburg auch schöne Tage. Doch liegen sie im Sommer und Spätherbst. Jetzt war der gelbe Nebel in den Straßen vorherrschend, unerträglich der Schmutz in den langen Twieten, in den Durchgängen, auf den kleinen Verbindungsbrücken ... In einer der düstersten Gassen, der ABC-Straße, wohnend, mußte ich am Tage Licht brennen, um schreiben zu können."

Diese kleine Gasse nördlich des Gänsemarkts ist eine der ältesten namentlich erwähnten Straßen Hamburgs, die Erwähnung stammt von 1620. Damals ordnete Hamburgs Senat an, dass die Straßen Bezeichnungen erhalten sollten. Weil die Häuser auf der Südseite dieser Straße bereits nach dem Alphabet nummeriert waren, wurde sie eben einfach „ABC-Straße" getauft. Sie beginnt am Gänsemarkt und endet in der Fuhlentwiete, in der Nähe des alten Gängeviertels. Es gibt einige sehenswerte Häuser und Häuschen in dieser niedlichen Straße, die so ganz anders, viel ruhiger aussieht als der betriebsame nahe Gänsemarkt. Das Haus Nr. 47 ist der Vorderflügel des ehemaligen Armenhauses; es wurde 1898/99 errichtet. In der ABC-Straße sitzt unter anderem auch Google Germany. In Haus Nr. 55 lag bis zum Abbruch des Gebäudes die Kneipe „Die Palette", über die Hubert Fichte 1968 den gleichnamigen Roman schrieb. Heute geht es hier vier Stufen hinauf zum Marriott-Hotel. Nr. 50 hat mit dem Ladeneinbau aus dem Jahre 1850 immerhin das älteste Schaufenster Hamburgs. Die ABC-Straße wirkt idyllisch wie eine kleine Oase inmitten der hektischen Großstadt.

U2 Gänsemarkt

Afrikahaus

Carl Woermann (1813-1880) war der erfolgreichste, aber auch einer der rücksichtslosesten Hamburger Afrika-Kaufleute. Er handelte vorwiegend mit Branntwein und Waffen im Tausch gegen Palmöl und Kautschuk aus Liberia, Gabun und Kamerun. Sein Sohn Adolph Woermann (1847-1911) baute die Handelsfirma aus und betrieb überaus aktiv Politik für deutsche Kolonien in Afrika, weil er sich davon bessere Geschäfte versprach. Vor allem war Woermann an der Gründung der deutschen Kolonien Kamerun und Deutsch-Südwestafrika (heute Namibia) im Jahre 1884 beteiligt. Viel Geld hat die Reederei Woermann auch mit einem Schiffsliniendienst nach Afrika verdient, unter anderem auch mit dem Truppentransport während des Herero-Aufstands in Deutsch-Südwestafrika.

Das Afrikahaus wurde 1899 als Firmensitz der Reederei C. Woermann vom bekannten Hamburger Architekten Martin Haller (1835-1925) geplant. Bauherren waren Carl und Eduard Woermann (1863-1920). In der Gestaltung der Fassade sollten die Übersee-Beziehungen der Reederei betont werden, daher ist die Fassade an der Vorderfront durch afrikanische Ornamente in den Farben der Reedereiflagge geschmückt. Den Toreingang bewacht eine lebensgroße

Bronzestatue eines afrikanischen Kriegers, der merkwürdigerweise eine ziemlich preußische Haltung einnimmt. Einem Gerücht zufolge hat der Bauherr Eduard Woermann selbst dem Künstler Walter Sintenis 1901 Modell dafür gestanden. Im Innenhof blickt man direkt auf das „Elefantenhaus". Dieser hintere Teil des Kontorhauses wird so genannt, weil sein Eingang von zwei überlebensgroßen Portalelefanten, entworfen von Carl Börner, bewacht wird.

Große Reichenstraße 27
U3 Rathaus, U1 Meßberg

Airbus-Werk

Für Finkenwerder wie für Hamburg ist die Bedeutung des Airbus-Werks kaum zu überschätzen. Hier arbeiten rund 12.000 Menschen und bringen Wirtschaftskraft in den Hamburger Stadtteil. Trotzdem: Die vielen Menschen, die jeden Tag nach Finkenwerder zur Arbeit fahren, bringen auch Verkehrsprobleme mit sich. Es gibt zwar eine regelmäßig verkehrende Sonderfähre vom Nordufer der Elbe aus Teufelsbrück zum Airbus-Werk, aber es bleiben noch genügend Autos übrig, die Finkenwerders Straßen regelmäßig verstopfen. Das Airbus-Werk liegt auf dem Gelände der 1936 gegründeten „Hamburger Flugzeugbau", die damals Wasserflugzeuge bauen sollte. Damit die Flugzeuge bei der Werft landen konnten, hob man das Mühlenberger Loch aus. Zu Beginn des 20. Jahrhunderts lag in Finkenwerder noch eine der größten Fischfangflotten der Welt, der der Hamburger Dichter Gorch Fock in seinen Werken ein Denkmal gesetzt hat. 1962 wurde die alte Süderelbe, die als Schifffahrtsweg seit der Ausgrabung des Köhlbrands nicht mehr gebraucht wurde, stillgelegt. Seither haben sich hier zahlreiche Nistvögel heimisch eingerichtet. 1982 wurde das Mühlenberger Loch vom Bundesumweltministerium als Fauna-Flora-Habitat-Gebiet gemeldet, der Hamburger Senat machte es zum Landschaftsschutzgebiet. Das erklärt die Empörung in großen Teilen der Bevölkerung, als Airbus im Jahre 2000 ein Teilgebiet zur Erweiterung seiner Landebahn für das geplante Großflugzeug A380 beanspruchte – und Recht bekam. Außerdem lag Airbus noch im Streit mit Bewohnern des Stadtteils Neuenfelde, die dem Flugzeugbauer nicht die erforderlichen Grundstücke verkaufen wollten. Letztlich aber setzte sich Airbus durch – die Landebahn ist mittlerweile gebaut. Schließlich wiegen 12.000 Arbeitsplätze etwas in der Hansestadt. Airbus bietet Werksführungen an, bei denen man in gut zwei Stunden einen Einblick in den faszinierenden Arbeitsalltag des Flugzeugbauers erhält.

Kreetslag 10
Telefon 040-74370
Führungen nach vorheriger Anmeldung

Albatros in St. Katharinen

Der Turmschaft der St. Katharinen-Kirche stammt aus dem 13. Jahrhundert und ist damit vermutlich das älteste aufrecht stehende Bauwerk Hamburgs. Die goldene Krone, die um den 1657 gebauten Turmhelm verläuft, soll der Sage nach mit dem Gold aus Klaus Störtebekers Schatz verziert worden sein. Und an der Südseite des Turms befindet sich eine sehenswert eigenartige Figur der heiligen Märtyrerin Katharina, die immerhin von 1630 stammt. Außerdem ist der Kirchturm wegen des kupfernen Turmhelms wohl der schönste Kirchturm Hamburgs. St. Katharinen ist die dritte in der Reihe der fünf Hauptkirchen des alten Hamburg. Sie wurde Mitte des 13. Jahrhunderts gegründet, als durch Eindeichung der Stadt neue Gebiete gewonnen wurden. Zunächst war es das Viertel der Schiffsbauer und Bierbrauer, später lebten hier und im Brookviertel in der heutigen Speicherstadt wohlhabende Kaufleute. St. Katharinen war im Mittelalter auch die Kirche der Hamburger Seefahrer. Namensgeberin der Kirche ist Katharina von Alexandrien, nach der Legende eine zypriotische Prinzessin aus dem 4. Jahrhundert, die in den Christenverfolgungen ihrem Glauben treu blieb. Angeblich ließ Kaiser Maxentius (278-312) sie aufs Rad spannen und foltern, aber ein Blitz zerbrach das Rad, und so wurde sie mit dem Schwert ermordet. St. Katharinen ist im Laufe ihrer Geschichte wiederholt der Ort geistlicher Auseinandersetzungen gewesen. Sie war die erste Kirche Hamburgs, in der evangelisch gepredigt wurde. Philipp Nicolai (1556-1608), der Dichter von Kirchenliedern wie „Wachet auf, ruft uns die Stimme" war um 1600 hier Hauptpastor. Der berühmte Barockorganist Johann Adam Reincken (1643-1722), um dessentwillen Johann Sebastian Bach (1685-1750) einst nach Hamburg reiste, war Mitbegründer der Hamburgischen Oper. Gotthold Ephraim Lessing stritt sich mit dem Hauptpastor Johann Melchior Goeze um die christliche Wahrheit. Bei dem großen Feuersturm im Sommer 1943 wurde die Kirche beinahe vollständig zerstört, ihr Äußeres jedoch wurde in den 1950er Jahren wieder hergestellt. Heute ist St. Katharinen auch die Kirche für die neu entstehende HafenCity und beteiligt sich an der Entwicklung des neuen Stadtteils. Eine besondere Sehenswürdigkeit in der Kirche ist ein frei hängender bronzener Albatros des Bildhauers Gerhard Marcks (1889-1981) in Gedenken an die Ertrunkenen des 1957 gesunkenen Flying P-Liners Pamir.

Katharinenkirchhof 1
Telefon 040-30374730
U1 Meßberg

Altenwerder Kirche

Altenwerder ist der Hamburger Stadtteil mit den wenigsten Bewohnern. Hier lebt nämlich kein Mensch. Und doch kennen viele Menschen Altenwerder. Ganz nah an der A7 steht noch die alte Kirche St. Gertrud, erbaut 1831 an der Stelle einer älteren Kirche. Der neugotische Backsteinturm wurde 1895 angebaut. Damals wurden in Altenwerder die Hausnummern noch chronologisch nach der Entstehung der Häuser vergeben. Haus Nr. 1 war also das älteste Haus des Dorfes und stand beileibe nicht neben Haus Nr. 2 oder Nr. 3.

Der entscheidende Einschnitt für Altenwerder kam 1961 mit dem Hafenerweiterungsgesetz, das Neubauten in dem Stadtteil untersagte. Als 1962 auch noch die Flutkatastrophe über Altenwerder hereinbrach, war der Widerstand der Bewohner so gut wie gebrochen. 1974 kaufte Hamburg die Grundstücke in Altenwerder auf, und schon 1977 rückte der Hafen an. Der letzte, der Altenwerder verließ, war der Fischer Heinz Ostermann, das war 1998. Als es wirklich gar nicht mehr anders ging, zog er nach Finkenwerder um. Zurück blieben nur die Toten auf dem pittoresken Friedhof, und eben die Kirche. An zwei Sonntagen im Monat werden hier noch Gottesdienste zelebriert, betreut wird die Kirche von der

Thomasgemeinde in Hausbruch. Immer noch sehr beliebt sind die „Baumblütenkonzerte" im Frühling, sie entstammen einer scheinbar uralten Tradition.

Heute sieht Altenwerder nicht mehr gut aus, und es riecht auch noch streng wenn der Wind die Abgase der Müllverbrennungsanlage unterhalb der Köhlbrandbrücke am Rugenberger Damm in die falsche Richtung weht. Ein gespenstischer Ort, aber ein interessanter Teil der Hamburger Geschichte.

Altenwerder Kirchdorfweg 3a
Aug-Okt jeden 1. Sa/So 13-18

Alter Elbtunnel

Anfang des 20. Jahrhunderts beschäftigten die Werften auf der Steinwerder Seite des Hamburger Hafens immer mehr Arbeiter. Weil sie alle mit Barkassen über den Fluss setzten und damit zunehmend die Schifffahrt im Hafen behinderten, musste man Abhilfe schaffen. So entstand 1906 die Idee, einen Tunnel zwischen St. Pauli und der Elbinsel Steinwerder unter der Elbe hindurch zu bauen. Am 7. September 1911 war das Meisterwerk der Technik fertig. Der erste Flusstunnel auf dem europäischen Kontinent, gebaut nach einem Vorbild im schottischen Glasgow, war gleichzeitig der erste Fahrstuhltunnel der Welt. Weil im dicht bebauten St. Pauli kein Platz für eine Einfahrtsrampe war, werden die Fahrzeuge bis heute über einen Fahrstuhl in den Tunnel gefahren. Als Fußgänger benutzt man ebenfalls Aufzüge oder die Treppe. Besonders hübsch neben den durchgängig gefliesten Wänden sind kleine Majolikareliefs, die Elemente der Elbe darstellen von Fischen, Krebsen, Muscheln und sogar Ratten. Der Alte Elbtunnel ist 426,5 Meter lang und führt durch zwei Röhren unter der Elbe hindurch. Einen Unfall hat es in den vergangenen 100 Jahren nicht gegeben. Ganz anders im neuen Elbtunnel: Regelmäßige Radiohörer haben den Eindruck, er würde mindestens einmal in der Woche wegen eines Unfalls gesperrt, von den Sperrungen für Wartungs- und Reparaturarbeiten ganz zu schweigen. Als der neue Elbtunnel 1975 fertig gestellt wurde, war er mit 3.325 Metern einer der längsten Unterwasserstraßentunnel der Welt. Tag für Tag passieren den neuen Elbtunnel, der ursprünglich für 65.000 Autos täglich gebaut worden war, rund 150.000 Fahrzeuge.

U3, S1, S3 Landungsbrücken

Altonaer Balkon

Der Altonaer Balkon ist eine kleine grüne Oase im zugebauten Altona. Von hier aus hat man einen famosen Blick über den Hafen und den Köhlbrand. Zwischen Palmaille und Klopstockstraße liegt dieser 27 Meter hohe Geesthang über der Elbe. Die Aussichtsplattform vermittelt das Gefühl, auf einem Balkon zu stehen. Nicht nur Touristen bleiben hier gerne stehen und staunen, sondern auch für Einheimische ist dieser Ort ein beliebter Platz zum Picknicken oder Grillen. Seit dem Jahr 1968 steht auf dem Altonaer Balkon die Bronzeplastik „Fischer" von Gerhard Brandes (geb. 1923).

Gleich neben dem Altonaer Balkon und über eine Brücke leicht zu erreichen, befindet sich die Rainvilleterrasse. Hier stand seit dem frühen 18. Jahrhundert ein in „tout Hambourg" beliebtes Gourmetrestaurant und Ausflugslokal, das der Emigrant César Claude Rainville (1767-1845) begründet hatte. Seit 1934 steht auf den Rainvilleterrassen auch die bereits 2005 geschlossene Seefahrtsschule, für die es allerdings neue Baupläne gibt, die bald in Angriff genommen werden.

Palmaille 75
Bahnhof Altona

Ballinstadt

Zwischen 1820 und 1914 wanderten mehrere Millionen Deutsche in die USA aus. Die meisten Auswandererschiffe fuhren zunächst aus Le Havre, Antwerpen, Rotterdam oder Bremen in die Neue Welt. Doch Mitte des 19. Jahrhunderts entdeckten die Hamburger dieses lohnende Geschäft auch für sich. Bis Mitte der 1930er Jahre wurde Hamburg für mehr als fünf Millionen Menschen das „Tor zur Welt". Denn außer den deutschen kamen in der zweiten Hälfte des 19. Jahrhunderts auch noch Hunderttausende russischer Emigranten in den Hamburger Hafen, um von hier aus Europa zu verlassen und in Amerika ihr Glück zu versuchen. Als 1846 die Eisenbahnverbindung nach Berlin fertig gestellt war, wurde ganz Osteuropa Hamburgs „Hinterland". Viele der russischen Auswanderer waren Juden, die von der Politik der Zaren unterdrückt und teilweise verfolgt wurden. Sie spielten für Hamburg eine zentrale Rolle: Erstens für die Entwicklung von Reedereien und Hafen, und zweitens für die Stadtentwicklung der nahezu unbewohnten Elbinsel Veddel. Denn die Not in Russland war die große Gelegenheit für Albert Ballin (1857-1918), der für die HAPAG in Hamburg das Auswanderergeschäft organisierte und 1888 zunächst Direktor und 1899 auch Generaldirektor mit guten Beziehungen nach Berlin wurde, so dass er auch „Reeder des Kaisers" genannt wurde. Er ließ auf der Veddel für die HAPAG 1901 die Auswandererhallen errichten, in denen alle Auswanderer wohnten und medizinisch untersucht wurden, weil die Einwanderungsbehörden in den USA die Kranken auf Kosten der Reederei wieder zurück schickten. Die großzügig gebaute Anlage mit Gotteshäusern für alle Konfessionen hatte sogar einen eigenen Bahnanschluss. Auf diese Weise konnte der Strom der Emigranten nach Hamburg regelrecht an der Stadt vorbeigeleitet werden. So veränderte sich Hamburgs Gesicht durch die Auswanderer. Um diese Geschichte dokumentieren zu können, eröffnete die Stadt Hamburg im Jahr 2007 das Museum „BallinStadt", indem auf dem Boden der historischen Auswandererstadt ein neuer Anziehungspunkt für Touristen aus Deutschland, Europa und Amerika entstand, der eigens eine Fährverbindung zu den Landungsbrücken erhielt.

Veddeler Bogen
Telefon 040-31979160
S3, S31 Veddel
Mo-So 10-18

Barkassen-Hafenrundfahrt

Wohl jeder Hamburg-Tourist macht sie mindestens einmal mit, die Hafenrundfahrt in einer der alten Barkassen. Und auch für Hamburger lohnt sich die Fahrt immer mal wieder, um vom Wasser aus zu sehen, was sich alles verändert hat. Viele der alten Hafenbarkassen stammen noch aus den 1930er Jahren und damit aus der Zeit, als in diesen Booten die Werftarbeiter von den Landungsbrücken zu ihrer Arbeit im gegenüber liegenden Steinwerder fuhren. Deswegen gehören sie seit langer Zeit zum Hafenbild. Aber keine Sorge, sie wurden seitdem regelmäßig renoviert und technisch überholt. Der Vorteil der Barkassen gegenüber den größeren Rundfahrtschiffen ist, dass sie so klein, niedrig und wendig sind, dass sie auch bei Hochwasser unter den meisten Brücken hindurchpassen. Wer erst einmal an der Reihe der Ausrufer der verschiedenen Reedereien vorbei ist, steigt einfach in irgendeine Barkasse. Sie fahren alle die gleiche Tour und kosten auch gleich viel, so dass man sich nach Lust und Laune für ein Schiff entscheiden kann. Neben den „normalen" Hafenrundfahrten, die durch die großen Hafenbecken bis zum Containerterminal Burchardkai im Waltershofer Hafen fahren, kann man auch „Themenfahrten" machen: Auswanderung, Prostitution, Schmuggel, Architektur oder Hafenwirtschaft, schön ist auch ein „Dämmertörn" in den Abendstunden. Barkassen sind „in" – manche, wie „Frau Hedis Barkasse", funktionieren sogar als Club. Dort finden am Wochenende Partys statt.

Landungsbrücken
U3, S1, S3 Landungsbrücken

Bergedorfer Schloss

Das Bergedorfer Schloss ist das einzige Schloss in Hamburg. Da die alte Hansestadt jahrhundertelang keine Territorialherren hatte, konnten nur in der Peripherie, die erst später ein Teil Hamburgs wurde, feudale Strukturen und Gebäude entstehen. Das Bergedorfer Schloss diente bis 1420 den Herzogen von Sachsen-Lauenburg zeitweise als

Residenz. Danach wurde Bergedorf abwechselnd von Hamburg und Lübeck „beiderstädtisch" regiert, das Schloss war Sitz des Amtmanns, bis Hamburg 1868 Lübeck seinen Anteil abkaufte und Hamburg die Verwaltung übernahm. Die ältesten Teile des Schlosses sind die Flügel, sie stammen aus dem Beginn des 16. Jahrhunderts und sind noch ganz im Stil der norddeutschen Backsteingotik errichtet. Ende des 19. Jahrhunderts wurden einige Teile, wie der Turm, neugotisch ergänzt. Als Hamburg im 19. Jahrhundert die Befestigungsanlagen entfernte, wurde die Umgebung des Schlosses zu einem kleinen Landschaftsgarten umgestaltet. Der hübsche Schlosspark liegt an der Bille und unterstreicht den Reiz der gesamten Anlage. Heute beherbergt das Schloss das Museum für Bergedorf und die Vierlande, eine Außenstelle des Museums für Hamburgische Geschichte. Das über 800 Jahre alte Bergedorfer Schloss ist heute auch eine sehr beliebte Hochzeitskulisse.

Bergedorfer Schloßstraße 4
Telefon 040-428912920
S21 Bergedorf
Apr-Okt tägl. außer Mo/Fr 10-18
Nov-Mär tägl. außer Mo/Fr 10-17

Bischofsturm

Neben der St. Petri-Kirche findet man, momentan durch den Neubau des Gemeindehauses unzugänglich, bald wieder ein bedeutendes Stück Hamburger Mittelalter. 1962 fand man bei Bauarbeiten auf einem Trümmergrundstück alte Steinfundamente, die wahrscheinlich zu einem Bischofsturm aus dem 11. Jahrhundert gehören. Damit wäre er das älteste steinerne Gebäude Hamburgs. Vermutlich war der Turm der vom Chronisten Adam von Bremen erwähnte Steinbau des Erzbischofs Bezelin (Bischof 1035-1043). Der Bischofsturm stand wohl nur eine kurze Zeit, weil er als Wehrturm hinter einem Heidenwall, der zur Abwehr von Überfällen von Slawen und Wikingern aus dem Osten in früherer Zeit errichtet worden war, bei der schnellen Ausdehnung Hamburgs im Mittelalter ziemlich bald nicht mehr benötigt wurde. Um 1300 jedenfalls wurde der Bischofsturm schon wieder abgebrochen, und das Gelände wurde überbaut.

Zwar fand man ein rundes Steinfundament, einen kleinen Brunnen und einige Gruben, außerdem Feuersteine, ein neolithisches Flintbeil, einen Mahlstein und einige andere Kleinteile. Insgesamt werfen die Überreste heute aber mehr Fragen auf, als sie beantworten können. So weiß man beispielsweise nichts über die Funktion des Bischofsturms innerhalb der kleinen Siedlung „Hammaburg". Sein großes Geheimnis hat der Bischofsturm noch nicht preisgegeben.

Kreuslerstraße 4 / Ecke Speersort
Telefon 040-32574027
U3 Rathaus
Mo-Fr 10-13, 15-17

Bismarck-Denkmal

Das höchste Denkmal Hamburgs ist gleichzeitig das größte Bismarck-Denkmal der Welt. Vom Hafen aus war das 1906 eingeweihte, 34 Meter hohe Denkmal für den „Eisernen Kanzler" früher gut zu sehen. Als Bismarck 1898 starb, wurde in Hamburg ein „Comité für die Errichtung eines Bismarck-Denkmals" gegründet, dessen Vorsitz der Erste Bürgermeister Johann Georg Mönckeberg (1839-1908) übernahm. Von insgesamt über 200 Entwürfen wählte das Comité den Entwurf von Emil Schaudt (1871-1957) und Hugo Lederer (1871-1940) aus. Der Scheitel Bismarcks erhebt sich stolze 59 Meter über der Elbe, und der aus 100 Steinen zusammengefügte Koloss, der über 600.000 Kilogramm wiegt, ist ein typisches Produkt des Bismarck-Kultes im Zeitalter Wilhelms II. Es ist allerdings überraschend, dass Bismarck gerade in Hamburg so geehrt wurde, denn die Hamburger waren anfangs gar nicht begeistert von der Gründung des Deutschen Reiches, das für sie ja auch das Ende der staatlichen Freiheit bedeutete. Das Denkmal stilisiert Bismarck als heldenhaften „Roland", der in Richtung Meer blickt. Allein sein Kopf ist 1,83 Meter hoch, und das Schwert misst acht Meter. Sein Mittelfinger ist immer noch einen Meter lang. Zu Bismarcks Füßen sitzen zwei Adler, die Figuren am Sockel stehen für die deutschen Stämme, die Bismarck geeint hat. Im Inneren des Denkmals befinden sich noch heute aufwendige Wandmalereien, unter anderem an zentraler Stelle mit Sonnenrad, Hakenkreuzen. Außerdem gibt es hier Zitate aus Bismarcks Reden wie: „Nicht durch Reden werden große Fragen entschieden, sondern durch Eisen und Blut". Während des Zweiten Weltkriegs wurde der Sockel der Statue als Luftschutzraum eingerichtet, der 650 Personen Schutz bot. Wofür die weitläufigen Katakomben, die das Bismarckdenkmal umlaufen, ursprünglich vorgesehen waren, ist bis heute nicht geklärt. Das Innere des Bismarckdenkmals ist aus Sicherheitsgründen nicht mehr zugänglich. Heute wirkt das Bismarck-Denkmal zum Glück auch nicht mehr ganz so monströs wie zu Zeiten seiner Einweihung, denn hohe Bäume haben den Blick auf den Koloss doch über die Jahre von allen Seiten ziemlich verhüllt.

Alter Elbpark, Helgoländer Allee
U3 Landungsbrücken
U3 St. Pauli

Bodos Bootssteg

Es gibt in Hamburg einige Stellen, wo man am Wasser entspannen kann: So ist die Strandperle an der Elbe ein unbedingtes Muss. Was hingegen mit den Beachclubs an der Elbmeile passiert, ist derzeit ungewiss. Aber mit der „Hippness" von Bodos Bootssteg und der seiner Gäste kann keiner mithalten. Nicht das „Cliff", weil es hier keine Anlegestelle gibt, und auch nicht das leider in die Jahre gekommene „Bobby Reich" am Nordufer der Außenalster. Wo außer bei Bodo kann man schon den ganzen Tag mit zwei Kaffee, einem Wasser und ganz viel Sonne zuschauen, wie die Alstersegler versuchen, am Steg anzulanden, um ein Eis zu kaufen? Das ist immer ein Spektakel, weil der Wind an der Westseite der Alster erstens immer unterschiedlich durch die Häuserschluchten vom Mittelweg hindurchsaust und zweitens an dieser Stelle meistens nachlässt, je näher die Boote dem Ufer kommen. Es sorgt fast immer für (hoffentlich versteckte) Lacher, wenn die armen Segler entweder wegen plötzlicher Windstille in Ufernähe nicht bis an den Steg herankommen oder mit voller Fahrt auf den Steg rauschen. Nur den geübten echten Hanseaten gelingt an dieser raffinierten Bucht ein Aufschießer zum rechten Zeitpunkt – dann sieht das Manöver eines mit flatternden Segeln gekonnt zum Halten gebrachten Bootes natürlich besonders schick aus. Allerdings ziehen die Gäste auf dem Steg nur sehr widerwillig ihre im Wasser baumelnden Beine für die Segelboote ein. Die meisten Leute kommen zu Bodo, weil von hier aus der Blick über die Alster wirklich spektakulär ist – bis zur Kennedybrücke und weiter bis zum Rathaus, gegenüber die Villen an der Schönen Aussicht und in der Ferne der Blick bis zu den Hochhäusern der Mundsburg.

Harvestehuder Weg 1b
Telefon 040-440654
Alsterfähre

Börse

Die Hamburger Börse wurde 1558 auf Initiative von Kaufleuten am Nikolaifleet nahe der Trostbrücke gegründet (ungefähr dort, wo sich heute die Commerzbank befindet). 1583 wurde an dieser Stelle auch das erste Börsengebäude errichtet. Die Hamburger Börse ist damit die älteste der acht noch aktiven deutschen Börsen. 1841 wurde die Börse von der Trostbrücke in das neue, spätklassizistische Gebäude am Adolphsplatz verlegt. Sie wurde von Carl Ludwig Wimmel (1786-1845) und Franz Gustav Forsmann (1795-

1879) erbaut und befindet sich auf dem Platz, auf dem zuvor das Maria-Magdalenen-Kloster stand. Beim Großen Brand 1842 konnte die Börse durch den beherzten Einsatz einiger Bürger, unter anderem von Theodor Dill (an den mutigen Kaufmann erinnert heute eine Büste in der Deichstraße), vor den Flammen gerettet werden. 1884 wurde die Börse ergänzt, 1894 erhielt der spätklassizistische Putzbau eine einheitliche Sandsteinfassade im Renaissancestil. Die Zifferblätter der Turmuhr gestaltete Johann Michael Bossard (1874-1950). An der Rückseite des Gebäudes wurde ab 1886 das Hamburger Rathaus errichtet. Ein kleiner, unterirdischer Gang verbindet heute Börse und Rathaus. 1859 wurde das Gebäude von William Lindley (1808-1900) erweitert, heute beherbergt es auch die Hamburger Handelskammer. Die Börse bestimmte über Jahrhunderte den beruflichen Alltag der Hamburger Kaufleute, so dass der Reiseschriftsteller Eduard Beurmann (1804-1883) 1836 in seinen „Skizzen aus den Hanse-Städten" den Betrieb in der Börse mit dem „wechselnden Bild der Fluth und Ebbe" verglich.

Adolphsplatz 1
Telefon 040-36138360
U3 Rathaus

Brendler

Gute Regenjacken für typisch hanseatisches Wetter bekommt man am Hafen und am Rödingsmarkt. Doch was ist zu tun, wenn die Temperaturen über 30 Grad steigen (denn das ist auch in Hamburg möglich)? Dann ist man im Geschäft „Ernst Brendler" neben dem Rathaus gut aufgehoben, denn hier gibt es auch Tropenausrüstungen. Kapitäne, Hamburger Reeder und Afrika-Kaufleute können hier seit 1879 die richtige Kleidung für verschiedene Anlässe kaufen. Und hier bekommt man auch den Original-Elbsegler oder eine komplette echte Kapitäns-Uniform sowie Krawatten mit Hamburg-Fahnen. Stöbern lohnt auf jeden Fall, und nicht nur wenn man selbst Kleidung kaufen oder verschenken möchte. Der Laden war als Uniform-Schneiderei gegründet worden, die heutige Besitzerin Ingrid Osthues ist die Urenkelin des Gründers. Neben maritimer Kleidung erhalten Hamburger hier auch die richtige Tropen-Kleidung, denn entgegen landläufiger Meinung ist man mit kurzer Hose, bunten T-Shirts und albernen Trekking-Sandalen dort nicht richtig bekleidet. Ingrid Osthues weiß: „Nur Leinen oder Baumwolle lassen Schwitzwasser durch und verdunsten es nach außen." Auch die Seefahrer-Kleidung hier ist nicht modisch, sondern genau richtig gegen das Verbleichen durch starke Sonneneinstrahlung oder Salzwasserduschen.

Nach heutigen Maßstäben ist „Ernst Brendler" vermutlich „Retro", in Wirklichkeit aber ist das Geschäft für traditionsbewusste Hamburger, die für ihre Transaktionen in aller Welt die korrekte Kleidung brauchen, absolut „in". Solche Läden darf man nicht verpassen, sonst gibt es sie eines Tages in unserer bunten atmungsaktiven Welt nicht mehr. Ein ähnlicher „hanseatischer Laden" ist auch Ladage & Oelke am Neuen Wall.

Große Johannisstraße 15
Telefon 040-37425
U3 Rathaus

Buchhandlung im Literaturhaus

Einer der schönsten Orte für Literatur ist das Literaturhaus am Schwanenwik, und eine der schönsten Buchhandlungen des an schönen Buchhandlungen reichen Hamburg findet man hier an der Alster. Auf diesen „Ort für Leser" trifft man als erstes, wenn man das Literaturhaus betritt – erst dahinter kommen das Café und Restaurant mit der zentralen Bar und dem prächtigen Saal im Anbau. In Stephan Samt-

lebens Buchhandlung laufen die literarischen Fäden der Stadt zusammen – das liegt nicht nur an der guten „literarischen" Lage, sondern auch am Buchhändler Stephan Samtleben, der ein wahrer „Literaturmensch" ist. Er kennt sich in vielen Bereichen des Lebens und der Belletristik gut aus und führt hier an der Alster eine ausgezeichnet sortierte Buchhandlung, mit vielen Titeln, die man sucht, aber mit noch mehr Büchern, von denen man gar nicht wusste, dass es sie gibt und die man hier finden kann, als hätten sie nur auf einen gewartet. Eine bemerkenswerte Eigenschaft dieser Buchhandlung und der Menschen, die darin arbeiten, ist es, die richtigen Leute zusammen zu bringen. Es würde einen nicht wundern, wenn in diesem „hot spot" der Literatur (man sollte an dieser Stelle vielleicht lieber von einer „source chaude" sprechen) schon Ehen gestiftet wurden. Denn hier kann man über Bücher sprechen, und anschließend, hat man erst eine gemeinsame Ebene gefunden, diese bei einem Kaffee im Saal noch erweitern. Nicht vergessen sollte man, dass Stephan Samtleben auch ein famoser Pedaleur ist, mit gutem Blick für die Schönheiten der Natur. Darüber und über Bücher, Menschen und die Hamburger Literaturszene kann man mit ihm in seinem hübschen Erker besonders schön plaudern. Das Literaturhauscafé bietet auch sehr gutes Essen in stilvollem Ambiente zu vertretbaren Preisen. Man sitzt hier wunderschön in den prächtigen, stuckverzierten Sälen der weißen Villa an der Außenalster, am besten vor oder nach einer der zahlreichen guten Lesungen. Auch die Auswahl an Zeitungen ist hier so groß, dass einem ausgedehnten Sonntagsfrühstück nichts mehr im Wege steht.

Schwanenwik 38
Telefon 040-2205145
Bus 172, 173 Mundsburger Brücke
Mo-Fr 11-1, Sa 11-16

Burg Henneberg

Hamburg hat ein Schloss in Bergedorf und eine Burg (wenn man die zerstörte in Harburg nicht dazu rechnet) in Poppenbüttel. Sie wurde 1884 von Albert Henneberg auf einem künstlichen Hügel aus Schutt errichtet. Poppenbüttel wurde urkundlich zum ersten Mal im Jahre 1336 erwähnt, doch einige Hünengräber in der Nähe deuten auf eine viel ältere Besiedlung hin. Mitte des 17. Jahrhunderts nahm eine Mühle an der seit 1529 bestehenden Alsterschleuse ihren Betrieb auf, wo gute 100 Jahre später sogar eine Münzprägestätte entstand – daher der Name Kupferteich. Der

Betreiber baute das spätere Gut Hohenbuchen, wo sich manchmal die beiden großen Hamburger Dichter Friedrich Gottlieb Klopstock (1724-1803) und Matthias Claudius (1740-1815) zu Gesprächen trafen. 1855 ließ sich in dem Dorf die Familie Henneberg nieder, die in der Folge bei der Entwicklung des Fleckchens Poppenbüttel eine entscheidende Rolle spielen sollte – auch weil sie nun auf dem Marienhof und in Hohenbuchen die Landwirtschaft betrieb, wo vor allem Milch für Hamburg produziert wurde. Als sich Alert Henneberg aus der Landwirtschaft zurückzog, baute er am Marienhof diese Burg. Das Grundstück dazu hatte er 1858 für 40.000 Mark erworben. 1910 beteiligte sich die Familie an der Gründung der Alsterthal-Terrain-Gesellschaft (ATAG), die landwirtschaftlich genutzte Flächen in Bauland umwandelte. Als Poppenbüttel 1918 an die Vorortbahn angeschlossen wurde, wurde die Familie reich. Aber die Burg wurde in den späteren Jahren nicht mehr gepflegt; 1942 erwarb die Stadt Hamburg das Areal für die Erweiterung des Alsterwanderweges, der dann allerdings auf dem gegenüberliebenden Alsterufer gebaut wurde. Die Burg wurde 1990 von einem Investor erworben, der sie instand setzte. Sie lässt sich am besten vom Schleusenteich aus bewundern, der auch im Besitz der Familie war.

Marienhof
S1, S11 Poppenbüttel

Café Liebermann in der Kunsthalle

Mitten in der Hamburger Kunsthalle – und damit auch nur mit Museumsticket zugänglich – liegt das Café Liebermann. Eine Kunstpause gönnen sich hier viele Besucher, überlaufen ist das Café trotzdem nur selten.
Alfred Lichtwark (1852-1914), der Sohn eines Müllers aus Hamburg-Reitbrook, begründete den Ruhm der 1869 eingeweihten Kunsthalle. Bis zu seinem Amtsantritt als

Kunsthallendirektor im Jahre 1886 wurde die Bildende Kunst in Hamburg mehr oder weniger nur verwaltet. Eines der ersten Werke, die Lichtwark kaufte, war das Gemälde „Die Netzflickerinnen" des Berliner Malers Max Liebermann (1847-1935). Lichtwark lud Liebermann immer wieder ein, sich für einige Zeit in Hamburg aufzuhalten. Viele Hamburg-Gemälde Liebermanns, so auch das berühmte Bild von der Lindenterrasse des Hotels Louis C. Jacob, sind auf diese Aufenthalte zurückzuführen. Lichtwark mischte sich aber auch ein – so kritisierte er Liebermanns Bild „Abend beim Uhlenhorster Fährhaus", hier habe er Männer mit Pullovern abgebildet: das gäbe es vielleicht in Berlin, in Hamburg aber sei das undenkbar. Liebermann war in Hamburg trotzdem sehr anerkannt, so dass sich sogar Bürgermeister von ihm porträtieren ließen.

Um dieser Männerfreundschaft Ausdruck zu verleihen, nannte man das Café in der Kunsthalle, als man es einrichtete, Liebermann-Café. Hier finden sich imposante Säulen, Stuckverzierungen und Wandreliefs, hier speisen Kunstliebhaber. Es gibt Gerichte der Saison, andere Kleinigkeiten, selbstgebackene Kuchen und Torten, ein Antipasti-Büfett und eine reiche Auswahl an Weinen, Kaffee- und Teespezialitäten. Wenn die Füße vom Marsch durch die zahlreichen Räume der Kunsthalle schmerzen, kommt eine Ruhepause im schönen Café Liebermann gerade recht.

Glockengießerwall
Telefon 040-428542611
Hauptbahnhof
Di-So 10-17, Do 10-20

Café Paris

Wer diese Räume in der Nähe des Rathauses betritt, staunt nicht schlecht und wähnt sich vermutlich in Paris. Aber es handelt sich um eine ehemalige Hamburger Schlachterei der gehobenen Art: Die Wände sind mit Jugendstil-Bildern ausgemalt. In Hamburg gibt man sich gerne englisch, und nur an wenigen Stellen haben andere Nationen eine Chance: Die Niederländer im „Hollandse Winkel" in Eppendorf und die Franzosen im „La Mirabelle" in der Bundesstraße sowie im „Café Paris" im Stadtzentrum.

Im hallenartigen Saal mit 80 Plätzen sitzen Damen mit Einkaufstüten einträchtig neben Studenten, die sich einen Salade Niçoise teilen, neben Kaufleuten im Zweireiher mit goldenen Knöpfen und Intellektuellen, die den ganzen Tag Kaffee zu trinken scheinen, wie einst Sartre und Beauvoir. Man bekommt hier

alles zu essen und zu trinken, was zum „Savoir Vivre" gehört: vom Mouton Rothschild für 300 Euro bis zum kleinen Café au lait. Das 1882 gebaute Haus beherbergte bis vor kurzem noch die Schlachterei, heute kann man anhand der Ornamente und Gemälde in den Dachrotunden, nach denen sich die Gäste von Zeit zu Zeit die Hälse verrenken, Hamburgs Handel und Wandel nachvollziehen.

Seit 2005 gibt es neben dem Café auch noch einen Salon als Rückzugsraum, um auch mal ungestört zu sein. Die mit Goldornamenten verzierte lindgrüne Tapete wirkt beruhigend und lädt ein, ungestört zu reden. Der Garçon hier ist ausschließlich für die Gäste im Salon zuständig. Die Atmosphäre ist intim und wie geschaffen für das Geschäftsessen oder auch ein Tête-à-Tête. À la votre!

Rathausstraße 4
Telefon 040-32527777
U3 Rathaus
Mo-Fr ab 9, Sa/So ab 10

Chilehaus

Zunächst klingt der Name des Gebäudekomplexes eigenartig. Der Name ist aber eine Hommage an eine Quelle großen Reichtums. Bauherr war der Reeder Henry B. Sloman (1848-1931), der sein Geld im Salpeterhandel mit Chile machte. Entworfen hatte das Kontorhaus mit zehn Stockwerken der Architekt Fritz Höger (1877-1949) in den Jahren 1922-23. Es ist beispielgebend für den norddeutschen Backsteinexpressionismus. Das Spektakuläre an diesem Objekt ist die

Spitze des Gebäudes, die an einen Schiffsbug erinnert und an der die Fassaden der Straßen Pumpen- und Burchardstraße spitz zusammenlaufen. In dem Gebäude ließen sich viele kleine Import- und Exportfirmen nieder, die jeweils nur wenige Räume benötigten. Einer der ersten Mieter war übrigens Ivan Budnikowsky, der Begründer der heute großen Hamburger Drogeriekette.
Die 1906-1908 von Albert Erbe erbaute Polizeiwache am Klingberg wurde vollständig in den Komplex des Chilehauses integriert. Weil der Untergrund an dieser Stelle schlecht für den Bau war, wurden rund 12.000 Eisenbetonpfähle mit 16 Metern Länge verbaut. Ende der 1990er Jahre wurde das unter Denkmalschutz stehende Gebäude saniert. Es ist heute im Besitz des Immobilienfonds der Union Investment Real Estate AG. Man sollte ruhig einmal durch eine der vielen Eingangstüren das Haus betreten und ein wenig durch die Räume streifen – so bekommt man fast einen Eindruck, wie die Menschen vor hundert Jahren arbeiteten.

Meßberg
U2 Meßberg

Christianskirche

„Die Ufergegenden der Elbe sind wunderlieblich. Besonders hinter Altona, bei Rainville. Unfern liegt Klopstock begraben. Ich kenne keine Gegend, wo ein toter Dichter so gut begraben liegen kann wie dort." So schrieb Heinrich Heine (1797-1856) über den Friedhof der Christianskirche, der auch heute noch eine Oase der Ruhe an der viel befahrenen Elbchaussee bildet. Früher muss der Ausblick von hier gigantisch gewesen sein, weshalb Friedrich Gottlieb Klopstock (1724-1803) diesen Friedhof 1758 für seine Frau Meta auswählte und nach seinem Tode ebenfalls hier begraben sein wollte. Er ließ damals auch gleich zwei Linden pflanzen, was seinem Gefühl vom Tod als einer Einswerdung mit der als göttlich und harmonisch empfundenen Natur entsprach. Sein Leichenzug im Jahre 1803 glich einem Staatsbegräbnis, rund 50.000 Hamburger folgten ihm, eine enorme Menge, wenn man sich die Dimensionen des damaligen Hamburg vorstellt. Nicht umsonst galt diese Zeit als „Klopstockzeit". Und selbst Theodor Fontane lässt eine Romanfigur aus „Unwiederbringlich" noch 1891 von einem Besuch an Klopstocks Grab berichten. Darüber fast in Vergessenheit geraten ist, dass Klopstock rund dreißig Jahre im Zentrum Hamburgs gelebt hat, und zwar in der Poststraße (die früher Königsstraße hieß).

Die Christianskirche selbst wurde 1738 zu Ehren des dänischen Königs Christian VI. (1699-1746) erbaut. Der Schleswiger Baumeister Otto Johann Müller plante den einschiffigen Backsteinbau mit dem fünfseitigem Chorabschluss im Barockstil, der allerdings auch aussah wie eine normale Dorfkirche, bis 1897 der Kirchturm mit dem geschmackvollen Mansardendach und das Westportal ergänzt wurden. Die Fassade ist mit hohen Rundbogenfenstern und bezaubernden Dachreitern geschmückt. Zwar wurde die Christianskirche

im Zweiten Weltkrieg teilweise zerstört, aber man hatte ihre wertvolle Innenausstattung – ein Taufstein mit gotländischer Kalksteinkuppe aus dem 13. Jahrhundert, eine Altarkanzel und eine Orgel aus dem 18. Jahrhundert, ein schwebender Taufengel von 1739 sowie graziöser Skulpturenschmuck – gerettet und wieder eingebaut. Weit über Deutschlands Grenzen hinaus bekannt ist das Carillon der Christianskirche, das älteste spielbare Glockenspiel Deutschlands. Im Zweiten Weltkrieg wurden die Glocken, wie viele andere Kirchenglocken auch, zum Einschmelzen für Kriegszwecke abgenommen. Allerdings war der Krieg beendet, bevor die Glocken in die Schmelze kamen.

Ottenser Marktplatz 6
Bahnhof Altona

Deichtorhallen

Im Mittelalter hatte die Stadt Hamburg insgesamt zehn Stadttore. Als der niederländische Festungsbauer Johann van Valckenburgh 1616 die Bastionsanlage neu errichtete, wurde ihre Zahl auf sechs reduziert und das Deichtor entstand als Ersatz für Winser Tor und Bautor (hier hatte sich der städtische Bauhof befunden).

1911 beschloss die Stadt, an dieser Stelle einen Großmarkt zu errichten, um die beiden bisherigen Märkte auf dem Meßberg und auf dem Hopfenmarkt zu ersetzten. 1962 wurde der neue Großmarkt in Hammerbrook in Betrieb genommen, seitdem fand in den Deichtorhallen der Blumengroßmarkt statt.

Als der ehemalige Blumengroßmarkt in diesen Hallen seine Tore schließen musste und mit auf den Großmarkt umzog, engagierte sich Kurt A. Körber (1909-1992) mit seiner Körber-Stiftung und förderte den Ausbau und Betrieb der beiden Hallen als Museum. Heute sind die Deichtorhallen die größten zusammenhängenden Ausstellungsflächen für zeitgenössische Kunst in Europa. Sie bestehen aus dem „Haus der Photographie" und der Ausstellungshalle für aktuelle Kunst. Die großzügigen historischen Gebäude beeindrucken durch ihre offene Stahlglas-Architektur. Hier werden wechselnde Ausstellungen gezeigt, auch wenn dem „Haus der Photographie" die Sammlung von F. C. Gundlach und das Archiv des Spiegel zugrunde liegen. In den Deichtorhallen wurden seit der Museumsgründung 1989 mehr als 100 Ausstellungen gezeigt, darunter von bekannten Künstlern wie Marc Chagall, Keith Haring, Martin Kippenberger oder Andy Warhol. Aber auch jüngere zeitgenössische Positionen wie etwa Cindy Sherman, Jason

Rhodes oder Jonathan Meese wurden hier schon früh einem größeren Publikum vorgestellt.

> Deichtorstraße 1/2
> Telefon 040-321030
> U1 Steinstraße
> Di-So 11-18

Dialog im Dunkeln

Als Andreas Heinecke 1988 die Idee des „Dialog im Dunklen" hatte, arbeitete er bei der Stiftung Blindenanstalt in Frankfurt. Durch den täglichen Austausch mit Blinden erhielt er einen Eindruck davon, wie sie ihr vermeintliches „Defizit" empfinden. Er überlegte sich, wie man das Verständnis von Nicht-Blinden den Blinden gegenüber verbessern könnte und kam auf den Gedanken, Sehende in einem vollkommen abgedunkelten Raum zu „Blinden auf Zeit" zu machen. Die Besucher werden von Blinden oder Sehbehinderten in kleinen Gruppen durch die Dunkelheit geführt und dort mit Gerüchen, Winden, Temperaturen oder Tönen konfrontiert. Am Ende sitzen die Besucher dann an der Bar und trinken im Dunkeln einen Drink. Wenn man die „lange Tour" bucht, kann man sogar an einer Bootsfahrt teilnehmen. Der „Dialog im Dunkeln" in Hamburg war der erste Ort, an dem Heinecke im

April des Jahres 2000 dieses Konzept ausprobierte, seitdem fanden hier rund 60.000 Führungen statt. Mittlerweile wird die Ausstellung sogar über ein Franchise-System in 22 Ländern und 149 Städten präsentiert, mit beachtlichen fünf Millionen Besuchern insgesamt. So haben nicht nur viele Menschen für einige Zeit ein „blindes" Leben geführt und den Wert des Seh-Sinns am eigenen Leib gespürt, sondern es ist ein tatsächlicher Dialog entstanden, der das Verständnis der Sehenden für Blinde gesteigert und Berührungsängste zwischen Sehenden und Nichtsehenden verringert hat. „Dialog im Dunkeln" bietet auch Managementtrainings an, um die Teilnehmer zu neuen Denk- und Handlungsmustern anzuregen.

Alter Wandrahm 4
Telefon 040-3096340
(Reservierung erforderlich!)
U2 Meßberg

Dockland

Eine der spektakulärsten Neubauten der letzten Jahre am Hafen ist wohl das 2005 fertig gestellte Dockland, ein parallelogrammförmiges Bürogebäude an der Elbe gleich am alten Fischereihafen von Altona, von wo aus früher die Hafenbahn nach Altona fuhr. Allerdings wurden für diese Landspitze extra 3.000 Kubikmeter Sand aufgeschüttet, um den Bau hier zu ermöglichen. Vor allem von der Spitze, die in 25 Metern Höhe etwa 40 Meter weit über das Wasser ragt, hat man

einen sensationellen Blick auf den Hafen und auf die Elbe, so dass man sich an dieser Stelle ganz besonders gut vorstellen kann, was ein Schiffskapitän auf einem der zahlreichen Superfrachter sieht, wenn er sich wieder aus Hamburg auf den Weg über die Weltmeere macht. Die 500 Quadratmeter große, für die Öffentlichkeit zugängliche Dachterrasse unterstreicht das Gefühl der Weite. Entworfen wurde das Dockland von den Hamburger Architekten Bothe, Richter und Teherani, Bauherr war die Robert Vogel GmbH & Co., die am Alsterufer neben der Amerikanischen Botschaft sitzt. Zusammen mit dem Elbkaihaus und dem Elbbergcampus entstand hier eine kleine Bürostadt direkt an der Elbe. In Hamburg hat man den Wert dieses Gebäude schnell erkannt und sofort eine eigene Anlegestelle der berühmten Hafenfähre 62 hierhin gesetzt. Das ist es aber auch mindestens wert.

Van-der-Smissen-Straße 9
Fähre 62 Dockland
S1, S3 Altona; Bus 383

Dreehus

Das hübsche, reetgedeckte kleine Dreehus, erbaut etwa um das Jahr 1800, gehört schon seit über 80 Jahren der Stadt. Am 6. Dezember 1927 kaufte der Magistrat der Stadt Altona das Gebäude mit der Absicht, hier das Blankeneser Heimatmuseum einzurichten. Das sollte wohl ein Zeichen der Versöhnung sein, denn nachdem der reiche Elbvorort Blankenese im Sommer desselben Jahres an Altona gefallen war, hatten die neuen Stadtväter nichts Besseres zu tun, als erst einmal ein paar wertvolle Baugrundstücke zu verhökern und damit ihr Stadtsäckel aufzufüllen.

Doch zunächst wurde in dem Haus eine Altentagesstätte eingerichtet, der „Treffpunkt Fischerhaus". Heute gibt es in dem Haus ein Museumszimmer, mit einer Ausstellung des Altonaer Museums. 2003 hat der Förderkreis „700 Jahre Blankenese" den Betrieb des Zimmers übernommen, was dem Museum sehr gut getan hat. Viele Teile wurden seitdem restauriert, alles wurde archiviert, und die Sammlung wurde erweitert. Heute finden hier zahlreiche Ausstellungen, Vorträge und Publikationen zur Geschichte Blankeneses statt, und das Dreehus wird jedes Jahr von rund 10.000 Menschen besucht. Ach ja, warum das „Dreehus" so heißt? Weil hier früher drei Familien unter einem Dach lebten, dazu kamen in diesem Haus noch zwei „Lüttwohnungen" für die Altenteiler. Also eine Art Blankeneser Erfindung der Doppelhaushälfte mit Ergänzung.

Auf dem Süllberg über Blankenese errichtete Erzbischof Adalbert (1000-1072) einst eine Propstei und eine Burg, die aber durch Räubereien in der Bevölkerung so unbeliebt waren, dass sie niedergebrannt wurden. Heute steht an dieser Stelle ein Gourmet-Restaurant, das in ganz anderem Sinne von vielen Hamburgern überrannt wird: Weil die Küche gut und der Ausblick von der Terrasse tatsächlich spektakulär ist. Auch wenn man sich nach dem Essen beim Blick in den

Geldbeutel möglicherweise ähnlich ausgeraubt fühlen kann, wie einst die Menschen im Mittelalter.

Elbterrasse 6
Telefon 040-864053
S1, S11 Blankenese
Bus 48 Krögers Treppe

Düker unter der Lombardsbrücke

Von dem Düker unter der Lombardsbrücke aus starteten früher die Stadtentwässerer zu ihren Inspektionsfahrten. Einmal wurde sogar eine Fahrt für Kaiser Wilhelm II. organisiert, der ebenfalls die dreieinhalb Kilometer von der Lombardsbrücke bis zur Einmündung in die Elbe gefahren ist. Angeblich waren Seine Majestät erstaunt, dass es so wenig gerochen hat. Als der Kaiser damals Hamburg besuchte, wurde eigens für ihn eine Örtlichkeit am Ausgang des Siels am Hafen gebaut, die heute noch sichtbar ist: Unter der Hochbahn bei der U- und S-Bahnstation Baumwall steht neben dem Denkmal für den Planer der Stadtentwässerung Willliam Lindley (1808-1900) ein kleines Häuschen, wo der Kaiser gedurft, wenn er gemusst hätte.

Lindley war nach dem Großen Brand in Hamburg 1842 maßgeblich dafür verantwortlich, dass Hamburg ein überaus modernes Abwassersystem erhielt. Bis dahin

war die Versorgung der Menschen mit Wasser meist über Schöpfstellen und Brunnen oder über mobile Wasserwagen und Wasserträger erfolgt, von denen der legendäre „Herr Hummel" der bekannteste war. Als beim Großen Brand 1842 die Löschwasserversorgung versagte, war den Verantwortlichen klar, dass man eine neue Lösung finden musste. Lindley erhielt den Auftrag, eine zentrale Wasserversorgung und ein modernes Sielsystem zu entwerfen. So wurde Hamburg 1842 die erste Stadt auf dem europäischen Kontinent mit einer zentralen Wasserversorgung für alle Bewohner. Die ersten Schächte, die bis zu vier Meter breit und gemauert waren, gab es im neu errichteten Innenstadtbereich. Die gesamte neue Anlage in Rothenburgsort wurde mit Elbwasser betrieben, was später wiederum für zahlreiche Epidemien sorgte, bis 1905 mit dem Grundwasserwerk in Billbrook die Wasserqualität entscheidend verbessert werden konnte. Heute müssen vor Inspektionsfahrten die Rohre mit Gebläsen belüftet werden, weil über der Kloake unsichtbar giftiger Schwefelwasserstoff liegt. In den letzten Jahren hat sich das Abwasser auch zu einem beständig zehn Grad Celsius warmen Paradies für Ratten entwickelt. Sie finden hier ideale Lebensbedingungen, so dass sich auf den 5.000 Kilometern schätzungsweise rund 400.000 Ratten verteilen.

1995 restaurierte die Hamburger Stadtentwässerung in der Lombardsbrücke ein nicht mehr genutztes Teilstück mit 2,15 Metern Breite und machte es an ausgewählten Tagen der Öffentlichkeit zugänglich. Dieser Düker unterquert die Alster und ist über einen engen Gang im Pfeiler der Lombardsbrücke zu erreichen. Der begehbare Abschnitt stammt aus dem Jahr 1870. Hier befindet sich sogar eine unterirdische Bootsanlegestelle.

> Ostpfeiler an der Südseite
> der Lombardsbrücke
> S- und U-Bahn Hauptbahnhof
> nur nach vorheriger Anmeldung

Eiskeller im
Hotel Louis C. Jacob

Im Mittelalter brauten 457 Brauereien in Hamburg Bier. Als der Hamburger Rat im Jahre 1411 denjenigen Brauereien die Produktion verbot, die ihr Wasser aus den dreckigen Fleeten bezogen, mussten 150 Brauereien schließen. Der Rat wollte die Qualität des Hamburger Bieres erhöhen, denn Hamburg galt als das „Brauhaus der Hanse". Immerhin rund ein Drittel der Bierproduktion wurde über See ausgeführt.

Schon immer bestand die Notwendigkeit zur Kühlung von Vorräten. Als wichtiger Hafen und Handelszentrum verfügte die Stadt schon recht früh über eine große Zahl von Eisfabriken, Eislagern und Eiskellern. Man findet noch heute einige der typischen Gewölbe-Eiskeller, die zum Teil immer noch der Gastronomie dienen, in Hamburg. Unter dem direkt an der Elbe gelegenen Garten des noblen Hotels Louis C. Jacob an der Elbchaussee 401 wurde bei Bauarbeiten in den 1990er Jahren der vermutlich vor 1765 gebaute Eiskeller des Hauses wiederentdeckt. Er diente damals zur Aufbewahrung und Lagerung der im Winter auf der zugefrorenen Elbe „geernteten" Eisblöcke und natürlich als gekühlte Speisekammer. Mit einem Durchmesser und einer Höhe von jeweils rund neun Metern erscheint er recht klein, dürfte aber für ein Gasthaus ziemlich großzügig gewesen sein. Heute ist das Bauwerk nicht nur erhalten, sondern auch über eine Treppe vom Hotel aus zugänglich.

Weitere Eiskeller in Hamburg befinden sich unter der Gröninger Brauerei an der Willy-Brandt-Straße und in der Buxtehuder Straße 35 in Harburg-Heimfeld. Hier ist der Eiskeller in den Hang des Schwarzenbergs hinein gebaut, er ist auch regulär zu besichtigen. Die Besitzer der Weinhandlung, die hier heute ein Geschäft betreiben, haben das Gewölbe von Schutt befreit und behutsam nutzbar gemacht. Bei allen drei Eiskellern lohnt ein Besuch mit historischer und kulinarischer Absicht.

Elbchaussee 401-403
Telefon 040-822550
Bus 36, 286 Sieberling-Straße
nur für Hotel-
und Restaurantgäste
nach vorheriger Anmeldung

Elb-Brücke

In Hamburg gibt es (je nach Definition) rund 3.000 Brücken. Damit ist die Hansestadt die Stadt mit den meisten Brücken der Welt. Eine der wichtigsten ist zweifellos die Brücke nach Süden über die Elbe nach Harburg. Die erste Brücke an dieser Stelle bauten die Franzosen, die Hamburg Anfang des 19. Jahrhunderts für einige Jahre besetzt gehalten hatten. An 83 Tagen bauten rund 3.800 Arbeiter eine 4,1 Kilometer lange Pfahlbrücke vom Hamburger Grasbrook über die Elbinseln bis nach Harburg. Die Brücke war nur durch die beiden Hauptströme Nord- und Süderelbe unterbrochen. Und dort lagen Seilzugfähren für jeweils 500 Mann oder 70 Reiter. Diese erste Elbbrücke war als Ergänzung für die 1811 angelegte militärische Nachschubstrecke von Hamburg nach Bremen gedacht – sie war die erste gepflasterte Straße in Norddeutschland. Die erste richtige Brücke wurde 1872, ein Jahr nach der Reichsgründung, aufgestellt und diente einzig dem Eisenbahnverkehr. Auf diese Weise gelangte die Kaufmannsstadt Hamburg an das deutsche Schienennetz, wodurch auch die industrielle Entwicklung Hamburgs möglich wurde. Dagegen hatten sich die Ratsherren, die in ihrer Mehrzahl Kaufleute waren, immer gewehrt. Aber seit Hamburg zum Deutschen Reich gehörte, änderte sich das Leben in der Stadt sehr schnell. Natürlich profitierten davon alle Hamburger, vor allem die Reeder, die mit ihren Auswandererschiffen Hamburgs Namen als „Tor zur Welt" möglich machten. Die „Alte Elb-Brücke" wurde 1899 gebaut und von Kaiser Wilhelm II.

eröffnet. Der Architekt war Hubert Stier (1838-1907), der in Berlin am Bau des „Roten Rathauses" beteiligt gewesen war und vornehmlich Bahnhöfe und Kirchen baute. Ihre Sandsteinportale waren von preußischen Adlern bekrönt. Die Brücke war 474 Meter lang und sollte dem Straßenverkehr dienen. Die Portale sind mit dem Wilhelmsburger und dem Hamburger Wappen verziert. Bis in die 1970er Jahre fuhr hier die Straßenbahn zwischen Harburg und Hamburg.

Alte Harburger Brücke
Bus 152, 153

Fähre 62

Diese Tour muss man gemacht haben und man sollte sie auch immer mal wiederholen. Von den Landungsbrücken aus sieht man das gelbe Zelt des Musicals „König der Löwen", wo früher die Helgen der Stülcken-Werft waren. Wo einst über 4.000 Menschen arbeiteten, stehen heute ein Logistikzentrum und das Musikzelt. Imposant sind die Gebäude und Docks von Blohm & Voss. Weiter geht die Fahrt an St. Pauli und Altona vorbei, am Fischmarkt legt das Schiff an. Wenn man weiterfährt, sieht man, wie hoch sich der Elbhang über den Fluss erhebt, und man kann sich kaum

vorstellen, dass dies hier früher nur ein sandiger Geesthang war, während man die Skyline von Altona bestaunt und schließlich am „Dockland" beim alten Fischereihafen anlegt. Gegenüber fließt der Köhlbrand, der eigentlich die Süderelbe ist, in den heutigen Hauptstrom. Hier fahren viele große Tanker aus oder ein. Weiter geht´s mit Staunen über die Neubauten in der Großen Elbstraße und in Neumühlen, dann kommt man zum Museumshafen in Oevelgönne, macht vielleicht eine Pause in der „Strandperle" und nimmt sich dann die Häuschen in Oevelgönne und die Villen auf der „Butterseite" der Elbchaussee vor (im Gegensatz zur „Margarinenseite" nördlich der Elbchaussee). Zwischendurch gibt es sicherlich den einen oder anderen großen Pott auf der Elbe zu sehen, so dass man manchmal gar nicht weiß, wo man hinsehen soll. Aber dann biegt die Fähre schon nach Finkenwerder in den Köhlfleethafen ab, wo früher gegenüber der ehemalige repräsentative Sitz des Hamburger Jachtclub war, bis er wegen der Hafenerweiterung 1961 elbabwärts nach Wedel zog. Wer noch weiter möchte, kann hier mit der Fähre 64 nach Teufelsbrück wieder auf die andere Elbseite fahren.

Übrigens gibt es die Fährverbindung 62 schon seit mehr als hundert Jahren. Die Landungsbrücken wurden 1839 gebaut, weil die neuen Dampfer aus Sicherheitsgründen weit weg von den Segelschiffen außerhalb des alten Niederhafens anlegen mussten. 1909 wurden die Landungsbrücken in ihrem heutigen Aussehen gebaut, als „Visitenkarte der Stadt", was sie auch heute noch sind, weil sich hier wirklich alle Hamburg-Touristen aufhalten. Seit kurzem fährt die Fähre auch über den Sandtorhöft in die HafenCity.

Landungsbrücken, Brücke 3
Telefon 040-3117070
U3, S1, S1 Landungsbrücken

Fischauktionshalle

Wer heute vom Fischmarkt spricht, meint die Attraktion für Touristen und Einheimische, die sonntags von 4.30 bis 9.30 Uhr auf dem Gelände des ehemaligen Altonaer Fischmarktes am östlichen Ende der Großen Elbstraße vor der Fischauktionshalle stattfindet. Das volksfestartige Treiben für Frühaufsteher und Nachtschwärmer ähnelt mit seinen Buden, Ständen, Ausrufern, Imbiss-Wagen, Blumen, Früchten, dem Tand und Plunder eher einem Floh- als einem Fischmarkt, aber trotzdem sollte kein Hamburger es versäumen, seine auswärtigen Gäste einmal dorthin zu führen. Der erste Fischmarkt in Hamburg aller-

dings war der heutige Alte Fischmarkt südlich der Petrikirche, der wohl auch der erste Marktplatz Hamburgs überhaupt war. Dass der heutige Fischmarkt in St. Pauli so groß geworden ist, hing mit dem Bau der Fischauktionshalle 1896 zusammen, durch die Altona seine Bedeutung als mittlerweile größter Anlegeplatz der deutschen Fischfangflotte demonstrierte. Die Halle wurde als dreischiffige Basilika errichtet, dem Grundtypus der römischen Markthalle, aus der später übrigens auch der Kirchenbau weiterentwickelt wurde. Diesen Anlandungsplatz der Elbfischer hatte der Senat der Stadt Altona nach dem Zollanschluss Hamburgs an das Deutsche Reich bauen lassen, um den Fischhandel in Altona zu behalten. Daher gab es in Hamburg seit dem Groß-Hamburg-Gesetz von 1937, als Altona neben Harburg und anderen Städten Hamburg zugeschlagen wurde, zwei Fischauktionshallen in Hamburg. Die Hamburger Fischhalle, die in Steinwurfweite elbaufwärts stand, wurde in den 1970er Jahren abgerissen. Mitte der 1980er Jahre drohte auch der Altonaer Fischauktionshalle dieses Schicksal, aber durch den Einsatz engagierter Bürger und der Bereitstellung von 6,5 Millionen DM konnte sie gerettet und renoviert werden. Weil das Stahlgerüst aus „Buddelstahl" besteht, droht der Bausubstanz auch bei Hochwasser, wenn das Elbwasser durch Öffnungen in die Halle und später wieder hinausfließt, keine Gefahr.

Große Elbstraße 9
Telefon 040-403231040
Fähre 61/62 Altona Fischmarkt
S1, S3 Königsstraße

Fischbeker Heide

Im Süden von Hamburg, genauer gesagt im Bezirk Harburg zwischen Fischbek und Neu Wulmstorf, liegt das Naturschutzgebiet Fischbeker Heide. Es handelt sich dabei um ein ehemaliges Waldgebiet, das heute rund 770 Hektar umfasst. Die typische weitläufige Heidelandschaft mit vereinzelt stehenden Bäumen ist nicht ursprünglich, sondern durch vom Menschen betriebene Holz- und Viehwirtschaft entstanden. Die ursprünglichen Eichen-Birkenwälder wurden durch Rodung und Beweidung zerstört. Die sich ausbreitende Heide wurde in vielfältiger Weise genutzt. Abgestochene Heidesoden wurden als Streu im Stall und nach der Stallreinigung als Dünger für die Äcker genutzt. Sowohl die Schaf- und Schnuckenzucht als auch die Imkerei waren wichtige Einnahmequellen der Bauern. Diese Nutzungsformen führten zu einer sich verjüngenden Heide und zu einer Dezimierung der Jungbäume. Durch Veränderungen in der Landwirtschaft wurde die Nutzung der Heideflächen für landwirtschaftliche Zwecke eingestellt. In der Fischbeker Heide haben sich als Bäume Kiefer und Birke im Gegensatz zum Wacholder der Lüneburger Heide stark verbreitet. Die größten Flächen in Fischbek, auf der die Heide nahezu als Monokultur wächst, finden sich im Bereich

des Aufstiegs zum Segelflugplatz und der in Richtung Südwesten ansteigenden Start- beziehungsweise Landebahnen. Dieser Segelflugplatz existiert dort schon seit über 100 Jahren. Um für Naturfreunde und Wanderer den optischen Eindruck der Heidefläche ohne großartigen Baumbestand sichtbar zu machen, werden von Zeit zu Zeit die neu aufwachsenden Kiefern

und Birken kontrolliert „entkusselt", also ausgegraben. Vor wenigen Jahren wurden große Flächen des Areals gerodet und mit Heidepflanzen rekultiviert. Mittlerweile sehen diese ehemals kahlen Flächen wieder tadellos aus. In einem alten Schafstall befindet sich ein Informationszentrum zur Geschichte der Heide, betrieben von der Loki Schmidt Stiftung.

Schafstall:
Fischbeker Heideweg 43a
Telefon 040-7026678
S3 Neugraben, Bus 250
dann 20 Min. Fußweg
Di-Fr 10-13, Sa 12-17, So 11-17

Fleetschlösschen

Eines der ältesten Gebäude in der Speicherstadt ist das Fleetschlösschen, heute eine erfolgreiche Kantine, Bar und ein wunderbares Café. Nach seiner Erbauung 1885 im typischen Backsteinstil war es erst ein Zollhäuschen am Südufer der Speicherstadt, für die Händler, die über die Oberbaumbrücke wollten. Danach war es einige Zeit eine Feuerwache, und sogar kurz ein Toilettenhäuschen, bevor es sechs Jahre leer und ungenutzt blieb. Im April 2004 eröffnete in dem liebevoll neu eingerichteten Raum ein ehemaliger Produktentwickler einen Restaurationsbetrieb mit ganztägiger Speisekarte: Frühstück, Mittagstisch, Kaffee und Kuchen sowie Abendbrot. Weil das Häuschen sehr klein ist, halten sich die meisten Gäste draußen auf, was den gemeinen Hamburger nicht schrecken kann, denn er ist ja auch schon bei der nur kleinsten Hoffnung auf eine Regenunterbrechung vor der Tür. Das Publikum besteht aus Arbeitern von den nahen Baustellen in der HafenCity genauso wie aus Kreativen der Medienbranche. Am, gefragtesten sind die hausgemachten Frikadellen. Gut geht auch der preiswerte Mittagstisch. Bei dessen Verzehr macht einem auch das Sitzen auf Bierbänken inmitten einer kleinen Grünfläche vor den großen Ein- und Ausfallstraßen der HafenCity nichts aus. Übrigens wurde hier im Fleet schon mal ein Edgar Wallace-Streifen gedreht, und zwar „Die toten Augen von London".

Brooktorkai 17
Telefon 040-30393210
Sommer 8-22
Winter ab 10

Freibad Finkenwerder

Früher konnte man an vielen Stellen in der Elbe baden. Nicht nur im Fluss selbst, sondern auch in etlichen Badeanstalten entlang des Stroms. Auch in Finkenwerder gab

es eine solche Badeanstalt, und zwar den Kinderspiel- und Badeplatz Köhlbrand, am westlichen Ufer der Köhlbrandmündung. Er gehörte zur Ferienkolonie Köhlbrand, wo Kinder sogenannter „unbemittelter Kreise" in den Sommermonaten Aufenthalt fanden. Das Baden war damals noch problemlos möglich: Schließlich war die Elbe noch nicht so tief ausgebaggert und die Fließgeschwindigkeit nicht so hoch wie heute – und über den Dreck in der Elbe muss man ja kein Wort verlieren. Seit ein paar Jahren sind die Elbschwimmer wieder ganz groß im Kommen. Wer sich das nicht traut, der kann auch gut ins Freibad Finkenwerder gehen – ein hübsches Freibad mit grandiosem Blick auf die Elbe. Das Freibad Finkenwerder ist das Bad mit dem schönsten Ausblick von ganz Hamburg, weil man hier die großen Schiffe, die auf der Elbe vorbeiziehen, betrachten kann. Außerdem kann man hier Tischtennis, Basketball oder Beachvolleyball spielen. Wenn das Wetter mal nicht so gut ist, geht man einfach ins Hallenbad. Von der Innenstadt aus ist das Bad einfach zu erreichen: Man muss nur an den Landungsbrücken in die Fähre 62 nach Finkenwerder steigen und noch fünf Minuten zu Fuß gehen, bis man das Bad erreicht. Und wenn einen nach dem Besuch im Freibad doch noch die Lust packt, in der Elbe selbst zu baden, fährt man einfach mit der Fähre 64 rüber nach Teufelsbrück, von wo aus man zu Fuß den Badestrand am Granitfelsen, den der Volksmund „Alter Schwede" genannt hat, in Oevelgönne erreicht.

Finksweg 82
Telefon 040-18889305
HVV-Fähre 62 Finkenwerder
Di-Sa 14-18

Garten der Alma de l'Aigle

1888 erwarb der Jurist Dr. Friedrich Alexander de l'Aigle vor den Toren von Hamburg ein 8.000 qm großes Grundstück, auf dem er ein Wohnhaus mit einem großen Haus- und Nutzgarten baute. Er kultivierte und züchtete neue Obstsorten wie den Glasapfel oder Jonathans Sämling. Auch die Art, wie er seinen Garten gestaltete, war bemerkenswert: Indem er nach funktionellen Aspekten Gehölzgruppen und Obstbäume kettenartig aneinanderreihte, nahm er neue Entwicklungen im Gartenbau der 1920er Jahre vorweg, die heute unter dem Begriff des „Reformgartens" zusammengefasst werden. In ihrem Buch „Ein Garten" setzte seine Tochter Alma de l'Aigle (1889-1959) dem väterlichen Werk ein sehr anschauliches Denkmal; sie schrieb außerdem ein interessantes Zeitbild über das damalige Eppendorf. Heute liegt diese bemerkenswerte Oase der Ruhe mitten im Industriegebiet Nedderfeld. Alma de l'Aigle war nach einem Lehrerstudium zunächst Erzieherin in Hamburg und unterrichtete danach an der „Staatlichen Hilfsschule für Schwachbefähigte". Sie war aktives Mitglied der sozialistischen Jugendbewegung und erhielt im Dritten Reich Berufsverbot. Ihre Bücher über alternative Erziehungsmethoden wurden verbrannt. Im Krieg unterstützte sie den Widerstand gegen die Nationalsozialisten, engagierte sich im Kreisauer Kreis. 1953 gehörte sie zu den Mitbegründern des Deutschen Kinderschutzbundes. Als Rosenexpertin machte sie sich mit dem Buch „Begegnung mit Rosen" international einen Namen. Nach ihrem Tod lebte ihre jüngere Schwester auf dem Grundstück, das die Erben 1988 verkauften. Ein Drittel des Areals konnte erhalten werden und steht heute als Naturdenkmal unter Schutz. Viele der heute noch vorhandenen Obstbäume besitzen Seltenheitswert, einige Sorten kommen in Europa nur noch hier in Eppendorf vor.

Tarpenbeckstraße 107
Bus 22, 39 Lokstedter Weg
Bus 34 Tarpenbeckstraße
Bus 281 Nedderfeld

Gartenhaus von Salomon Heine

Das Gartenhaus ist das einzige originale, erhalten gebliebene Gebäude auf dem ehemaligen Landsitz des Bankiers Salomon Heine (1767-1844), der den von John Blacker 1780 angelegten Garten an der Elbchaussee im Jahre 1808 erwarb und hier einen der größten Landsitze der Elbvororte er-

richtete. Er war ein erfolgreicher Bauherr und man nannte ihn den „Rothschild von Hamburg". 1842 rettete er durch das Angebot, sein Haus am Jungfernstieg zu sprengen, die Hamburger Altstadt vor der völligen Vernichtung durch den Großen Brand, weil die Sprengung an dieser Stelle die entscheidende Feuerschneise ermöglichte. Nach dem Brand sorgte er durch großzügige Kredite dafür, dass die Wirtschaft der Hansestadt nicht zusammenbrach. 1830 kaufte Salomon Heine das benachbarte Grundstück an der Elbchaussee, auf dem er 1832 das Gartenhäuschen errichten ließ. Es handelt sich um

einen klassizistischen Putzbau mit pfannengedecktem Satteldach mit Krüppelwalm. An den Traufseiten steht je ein Zwerchhaus mit hohem Rundbogenfenster, im Bogenfeld des Fensters zur Elbchaussee fällt ein Palmettenrelief auf. Der Gartensaal ist 33 Quadratmeter groß und hat einen separaten Eingang zum Park, außerdem befand sich in dem Häuschen die Gärtnerwohnung. Für Salomon Heine wurde das Gartenhäuschen zum geliebten Refugium, sein Neffe Heinrich Heine jedoch schrieb über den Garten seines Onkels:

»Vermaledeiter Garten! Ach,
Da gab es nirgends eine Stätte,
Wo nicht mein Herz gekränket wart,
Wo nicht mein Aug' geweinet hätte.«

Nach Salomon Heines Tod erbte sein Sohn Karl das Landhaus, den Park und das Gartenhäuschen. Doch kurz nach dessen Tod schloss die Bank ihre Schalter, und 1880 wurde das große Sommerhaus abgerissen. Seit 2001 ist das Gartenhaus eine Außenstelle des Altonaer Museums, der 1975 gegründete „Verein Heine Haus e. V." organisiert hier regelmäßig kulturelle Veranstaltungen.

Elbchaussee 31
Telefon 040-39198823
Bahnhof Altona
Bus 115 Rothestraße
nur bei Veranstaltungen

Görtz-Palais

Dieses prächtige Haus, das heute im Volksmund „Stadthaus" heißt, ist das älteste erhaltene Gebäude vom Beginn des 18. Jahrhunderts auf dem Neuen Wall. An dieser Stelle wurde erst 1707 eine Straße errichtet, bisher hatte der Wall, wie der Name verrät, als Stadtbefestigung gedient. Die Straße wurde in 93 Grundstücke aufgeteilt, von denen Freiherr Georg Heinrich von Görtz (1668-1719), ein Gesandter des Grafen Holstein-Gottorf, vier kaufte. Das im Jahr 1711 von ihm erbaute „Görtz-Palais" war in jener Zeit mit Abstand das größte Haus Hamburgs, denn die Stadt war von Kontorhäusern geprägt, und die Bürgerrepublik kannte so gut wie keine repräsentativen Gebäude. Aber Görtz, der für seine Herren viel in ganz Europa unterwegs war, hatte nur kurz Freude an dem Haus. Der Freiherr, der oft eine doppelgleisige Politik betrieb, brachte nicht nur dem Herzogtum und sich selbst große Summen ein; sein Lebensstil machte ihm auch Feinde. Weil er für seine Herren mit allen Mitteln Geld eintrieb, war er äußerst unbeliebt und wurde nach dem Tode des Königs mit dem eigens für seien Fall geschaffenen Straftatbestand „falscher Ratschlag" 1719 zum Tode verurteilt. 1722 mietete die Stadt Hamburg das Haus an und musste es nach Angriffen aus dem Hamburger Volk auf die Gesandten des Kaisers als „Kaiserliches Gesandtschaftshaus" den Diplomaten aus Wien umsonst zur Verfügung stellen, bis 1806 das Heilige Römische Reich Deutscher Nation aufgelöst wurde. Während der Franzosenzeit war es Sitz des „Maire" (Bürgermeistersitz), und 1814 wurde es Sitz der Polizeibehörde und später auch anderer Behördenstellen. Von 1933 bis 1943 hatte die Gestapo ihr Hauptquartier am Neuen Wall, bis das Haus 1943 ausgebombt wurde. Nach dem Krieg erwarb der Germanische Lloyd das Stadthaus und ließ es innen zeitgemäß neu aufbauen.

Wenn man das Gebäude heute betritt, ahnt man immer noch etwas von der ursprünglichen Pracht, die das Haus einmal ausgestrahlt haben muss. Die Rettung der Fassade und der Umbau des Inneren zur Bildung einer neuen architektonischen Einheit ist seitdem als „Hamburger Lösung" bundesweit Vorbild für den Umgang mit Kriegszerstörungen historischer Architektur.

Neuer Wall 68
S1, S3 Stadthausbrücke

Grindelviertel

Das Grindelviertel ist eines der lebhaftesten Viertel in Hamburg. Als die Straße Grindelhof 1858 angelegt wurde, gab man ihr den Namen nach einem Hof, den das Kloster Harvestehude hier besaß. Auch Grindelberg, Grindelweg und Grindelallee sowie das ganze Viertel sind nach diesem Flurnamen benannt. Nach der Aufhebung der Torsperre im Jahr 1860, als die Hamburger auch nachts durch die Stadttore in die Vorstädte kamen, wurden hier schnell viele Mietshäuser für vermögende Hamburger gebaut, die der Enge von Alt- und Neustadt entkommen wollten. In dieser Zeit zogen auch viele Juden in das Grindelviertel, so dass um 1900 rund 40 Prozent der Hamburger Juden hier wohnten. Im gesamten Stadtteil Rothterbaum betrug der Anteil der jüdischen Bevölkerung 1925 immerhin 15 Prozent, dabei war vor allem das Grindelviertel als Wohnquartier des jüdischen Kleinbürgertums jüdisch geprägt. Hier gab es zwei Synagogen, eine Talmud-Tora-Schule, zahlreiche koschere Lebensmittelhandlungen und hebräische Buchhandlungen. Das trug dem Viertel den Beinamen „Klein-Jerusalem" ein.

Heute siedeln sich wieder jüdische Einrichtungen im Grindelviertel an die renovierte Talmud-Tora-Schule am Joseph-Carlebach-Platz ist das spektakulärste Beispiel, der Jüdische Salon mit dem Café Leonar und angeschlossener Buchhandlung die neueste. Aber das Grindelviertel ist nicht nur jüdisch, sondern auch studentisch geprägt. Durch die 1919 gegründete Universität Hamburg mit ihren gegenwärtig 38.000 Studierenden ist im Grindelviertel eine Infrastruktur entstanden, die bei bezahlbarem Wohnraum anfängt und bei Copyshops noch lange nicht aufhört: Die Heinrich Heine-Buchhandlung gehört seit vielen Jahren zu den wichtigen Institutionen im Grindelviertel, dazu kommt noch das unverzichtbare Abaton-Kino, die von Ida Ehre gegründeten Kammerspiele in der Hartungstraße, das Arkadasch-Restaurant gleich gegenüber der Uni als beliebter Treffpunkt, der 2001-Laden an der Rentzelstraße oder die angesagte Pony-Bar am Allende-Platz, gleich neben dem Uni-Campus.

**Dammtorbahnhof
U1 Hallerstraße**

Grüne Brücke

Die Bille ist ein schöner kleiner Fluss, der im Bewusstsein der Hamburger eine viel zu kleine Rolle spielt. Dass die Bille früher im Herzen der Hamburger eine größere Rolle spielte als heute, kann man daran sehen, dass sie zum Beispiel in einem Volkslied erwähnt wird: „An de Elbe, an de Alster, an de Bill, dor kann jeder eener moken, wat he will". Die Bille ist insgesamt 65 Kilometer lang und fließt davon immerhin auf einer Länge von 23 Kilometern durch Hamburg – sie ist damit sogar länger in Hamburg unterwegs als beispielsweise die viel gepriesene Alster. Die Bille betritt, nachdem sie von Köthel im Kreis Stormarn und über Trittau, Witzhave und Reinbek durch Schleswig-Holstein geflossen ist, im Hamburger Stadtteil Wentorf das Stadtgebiet. Kurz darauf speist ihr Wasser den Graben des einzigen Hamburger Schlosses in Bergedorf. Gleich anschließend gibt sie den Stadtteilen Billwerder, Billbrook und Billstedt ihren Namen, außerdem noch dem Industriegebiet Billwerder Ausschlag. Und es gibt einen Billekanal und eine Billerhuder Insel, ganz zu schweigen von vielen Straßen entlang des Flusslaufs, die die Bille im Namen tragen. Zudem gibt es viele schöne Ecken längs der Bille, darunter der Billestaudamm in Bergedorf und das Naturschutzgebiet Boberger Dünen. Aber der schönste und typischste Platz an den Ufern der Bille ist wohl die kleine Bucht an der Grünen Brücke in Hamm-Süd. Hier hat sich am Ufer von ein paar ehemaligen Industrieanlagen eine kleine Bucht herausgebildet, die eine herbe Industrieromantik verbreitet. Im nahe liegenden „Hammerdeicher Ruderverein" war immerhin der mehrfache Ruder-Weltmeister Peter-Michael Kolbe zu Hause.

Die Grüne Brücke, an der Grenze zum benachbarten Rothenburgsort, ist selbst auch ganz hübsch anzusehen. Ungefähr 500 Meter weiter, nachdem die Bille auch die Schwarze Brücke unterflossen hat, mündet sie in den großen Elbstrom und bildet den Oberhafen, einen der ersten Häfen der Hansestadt. Der Oberhafen ist wieder Teil des Gesamtkonzepts der HafenCity und als Entwicklungsgebiet auch wegen seiner zentralen Lage in der Nähe der Kulturmeile interessant.

Bei der Grünen Brücke
Bus 160

Hafenbahn

Dieser lokalhistorisch bedeutsame Verkehrsweg zwischen dem Altonaer Fischmarkt und dem Bahnhof Altona, der sich früher auf dem Grundstück des heutigen Altonaer Rathauses befand, wurde nach 1844 gebaut. Nach Erstellung der Eisenbahnlinie zwischen Altona und Kiel galt es, das 28 Meter tief gelegene Elbufer an die Gleise anzuschließen. Zunächst entstand eine 210 Meter lange „Schiefe Ebene", eine Art Rampe, für die die Wagen auf Rollböcke umgesetzt und per Seilaufzug über eine 15-prozentige Steigung nach oben befördert wurden. 1870 wurden täglich 80 Waggons über diese Rampe transportiert. 1876 wurde die Vorrichtung durch den 396 Meter langen „Schellfischtunnel" ersetzt. Damals war Altona das Zentrum der deutschen

Fischindustrie, und mit der Hafenbahn wurden die meisten Fische transportiert, was sie zur Lebensader des deutschen Fischhandels machte. Reste des alten Altonaer Bahnhofs kann man heute noch in der Südfassade des Altonaer Rathauses sehen. Als der Bahnhof weiter nach Norden verlegt wurde, um Anschluss an die Hamburger Bahnhöfe zu erhalten, wurde die Hafenbahn 1895 auf 961 Meter verlängert. In den 1920er Jahren hatte sie den Höhepunkt ihrer wirtschaftlichen Kraft, als jährlich rund 150.000 Tonnen Güter über ihre Schienen liefen. Seit 1993 der letzte Nutzer der Hafenbahn, die Firma Transthermos, das Unternehmen verlagerte, wird die Hafenbahn nicht mehr benutzt, und auch der Tunnel ist leer. Heute ist die Bahn ohne Gleise, aber die Trasse ist nach wie vor sehr gut erkennbar, wie auch der Schellfischtunnel. Der Elbberg, von dem aus man einen guten Blick auf den Köhlbrand hat, wurde auf Betreiben der Fuhrwerkbesitzer der Hafenbahn als Rampenstraße angelegt. Auf dem Elbberg ist mit dem Elbberg-Campus eine beeindruckende, neue Generation Bürohäuser entstanden.

**Bahnhof Altona
nur bei Führungen**

Hafenschuppen

Die Schuppen mit den 50er Nummern am Hansahafen sind ein einmaliges historisches Ensemble im Hamburger Hafen. Hier werden seit ein paar Jahren neben einigen Schiffen auch schwimmende Hafengeräte gezeigt. Der alte Kaischuppen soll in Zusammenarbeit mit dem Museum für Arbeit zu einem authentischen Ort werden. Die drei um 1910 errichteten Schuppen 50, 51 und 52 sind die letzten erhaltenen Schuppen in Holzkonstruktion im Hafen. Während der Schuppen 52 als Event-Location dient, ist der 50er Schuppen eine Außenstelle des Hamburger Museums der Arbeit. Ehemalige Hafenarbeiter erklären, wie der Hafen früher funktioniert hat und vermitteln ein anschauliches und authentisches Bild früherer Hafenarbeit. Der Kopfbau zeigt Elemente der Hamburger Reformarchitektur jener Zeit. Hinter dem Schuppen, zum Bremer Kai hin, stellt der Verein Freunde der historischen Hafenbahn e.V. restaurierte Fahrzeuge der Hamburger Hafenbahn sowie anderer Industrie- und Werksbahnen aus. Zu besichtigen ist der historische Kaischuppen 50 A mit Schaudepot sowie Großobjekte zu Land und zu Wasser, wie der Stückgutfrachter Bleichen, der Schutendampfsauger „Sauger IV", Kaikräne, Van-Carrier oder der Schwimmdampfkran. Im

Kopfbau befinden sich die „Kaffeeklappe" und der Museumsshop „Zampelbüdel". Wer hautnah spüren möchte, was den Hamburger Hafen und seine Geschichte ausmacht, findet hierzu im Hafenmuseum an der 50er Strecke die beste Adresse.

Australiastraße
Telefon 040-73091184
Maritime Circle Line ab
Landungsbrücken, Brücke 10
HVV-Fähre 73 Argentinienbrücke
S3 Veddel und 10 Min. Fußweg
Bus 256 Hamburg Port Authority, Australiastraße
Apr-Okt Di-Fr 14-18, Sa/So 10-18

Hamburger Jedermann

Bereits seit 15 Jahren wird in der Speicherstadt der „Hamburger Jedermann" aufgeführt, ein ganz besonderes Spektakel. Der Stoff ist nicht neu, das Theaterstück schrieb Hugo von Hofmannsthal im Jahre 1911. Seit 1920 wird das Drama Jahr für Jahr bei den Salzburger Festspielen aufgeführt und hat dort Kult-Status erlangt. Aber auch in Hamburg ist das Stück beliebt. Die Quellen des Stoffes reichen bis zu den mittelalterlichen Mysterienspielen zurück, in denen sich Gott und der Tod als Personifizierungen gegenüberstanden. Dem „Hamburger Jedermann" dient die imposante Speicherstadt als Kulisse. Insbesondere bei schönem Wetter und bei eindrucksvollem Sonnenuntergang ist die Bühne des Hamburger Jedermann eine der schönsten Theaterbühnen der Hansestadt. Produziert wird der Jedermann vom Hamburger Theatermacher, Autor und Lichtkünstler Michael Batz, der das Projekt zunächst nur für ein Jahr plante, es aber wegen des großen Erfolges seit 15 Jahren zur Aufführung bringt. Diese moderne und sehr überraschende Fassung eines ernsten Stücks wurde der Speicherstadt geradezu auf den Leib geschrieben. Ein facettenreiches Porträt der Hamburger Gesellschaft setzt das traditionelle Mysterienspiel in Bezug zur Gegenwart: Worin besteht die Identität unserer heutigen Städte? Was ist ihre Seele?

Es empfiehlt sich, rechtzeitig Karten zu reservieren, weil Besucher aus ganz Deutschland in die Speicherstadt zum Hamburger Jedermann reisen. Dann wird der Hamburger Hafen auch zum Hafen für die Kunst.

Auf dem Sande 1
Telefon 040-3696237
U3 Rödingsmarkt
Vorstellungen:
jedes Jahr im Juli und August

Hamburg-Triathlon

Seit einigen Jahren entwickelt sich Hamburg zum Triathlon-Mekka Deutschlands. Hier findet nicht nur ein Weltcup-Triathlon der Profis statt, sondern auch das beliebteste deutsche Jedermann-Rennen mit über 8.500 Sportlern. So viele Aktive stürzen sich Jahr für Jahr in die Fluten der Alster, übrigens der einzige Tag, an dem man in der Alster schwimmen darf. Wer also hier schwimmen möchte, sollte sich für den Wettkampf anmelden. Das Wasser ist überraschend sauber, riecht angeblich wie ein Dorfweiher. Auf jeden Fall ist es ein Erlebnis, vor Zehntausenden Zuschauern aus der Kleinen Alster auf den Ballindamm in die Wechselzone zu laufen, sich dann auf das Fahrrad zu schwin-

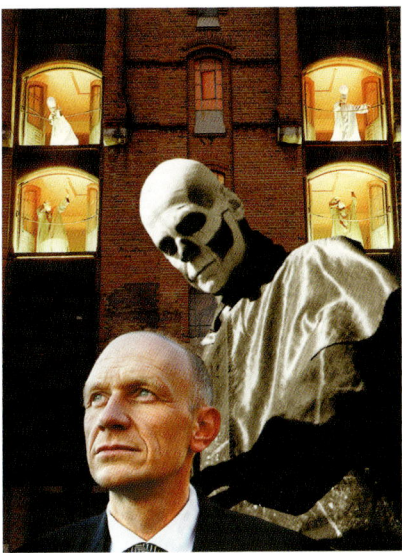

gen und die Elbchaussee hinunter zu fahren bis nach Teufelsbrück und wieder zurück. Dabei merkt man, dass Hamburg gar nicht flach ist, sondern sich nördlich der Elbe ein Geesthang erhebt, der für weniger geübte Fahrradfahrer die eine oder andere „Mauer" bereithält. Wenn man das geschafft hat, wird es Zeit, zu Fuß die Außenalster zu umrunden. Werktag wie Sonntag ist dies eine Freizeitaktivität unzähliger Jogger, an diesem Tag aber das Privileg der Triathleten. Unvergleichlich ist das Erlebnis, kurz vor dem Ziel vom Jungfernstieg in die Großen Bleichen einzubiegen, dann noch eine Kurve in die Poststraße zu nehmen und am Ende, vollgepumpt mit Glückshormonen, vor dem Rathaus über die Ziellinie zu laufen. Dieser Hamburg-Triathlon ist mehr als ein Sporterlebnis, es ist ein echtes Hamburg-Happening. Auch die Zuschauer kommen hier auf ihre Kosten, weil sie die Athleten, die mehrmals an ihnen vorbei kommen, hautnah sehen können. Der Hamburg-Triathlon ist ein ganz besonderes Hamburg-Erlebnis mit echtem Kult-Charakter, das schon viele Hamburger und Auswärtige für sich entdeckt haben.

www.hamburgtriathlon.org
U3 Jungfernstieg

Harburger Schloss

Schon der heutige Name der Straße verrät das ganze Elend: Bauhofstraße. Vom ehemaligen Glanz des alten Harburger Schlosses ist heute nämlich nichts mehr übrig. Inmitten der Industrie- und Hafenlandschaft des Harburger Binnenhafens gibt es noch Teile der Außenmauern sowie Kellergewölbe aus dem 14. Jahrhundert. Mittlerweile steht auf dem Gelände ein Mietshaus, das dringend eine Renovierung nötig hätte. Früher einmal war alles besser: Das Harburger Schloss, das 1137 zum ersten Mal erwähnt wurde, war ab 1527 ein Residenzschloss einer Nebenlinie der Welfen. Während des Dreißigjährigen Krieges wurde das Schloss Teil einer Festungsanlage,

die uneinnehmbar war und deren Umrisse heute nur noch zu erahnen sind. 1396 wurde die „Horeburg" fast komplett zerstört, und Harburg wurde 1403 an Lüneburg verpfändet. In dieser Zeit wurde das Schloss wieder aufgebaut. Und 1527 wurde Harburg sogar Residenz von Otto I. (1495-1549), des ehemaligen Herzogs von Braunschweig Lüneburg. Damals wurde die Burg auch zum Schloss umgebaut. Aber der Aufschwung wollte nicht nach Harburg kommen. Im 18. Jahrhundert wohnten immer noch nur etwa 4.000 Menschen in Harburg. Während des Siebenjährigen Krieges wurde das Schloss durch eine Französische Belagerung stark beschädigt. Und 1813 wurde während der napoleonischen Besetzung ein Flügel des Schlosses zerstört. Das Schloss wurde ab 1817 übrigens auch als Gefängnis genutzt. Als 1841 der Köhlbrand vertieft wurde, war auch der Harburger Hafen für große Schiffe besser erreichbar, so dass sogar im Bereich des Schlossgrabens zwei Hafenbecken entstanden. Die Industrialisierung veränderte Harburg, die Keimzelle der Stadt war nur noch durch Industrie und Hafen geprägt. Das Harburger Schloss wurde im Laufe des 19. Jahrhunderts niedergerissen. Bis zum Jahre 1897 wurde noch das Amtsgericht hier untergebracht, dann erwarb die Holtz-Werft den inneren Schlossbezirk und nutzte es als Wohnhaus für die Besitzerfamilie. Die beiden noch stehenden Gebäude wurden zudem stark verändert, so dass man auf der Suche nach dem Schloss mehr oder weniger vor dem Nichts steht.

Bauhofstraße 8
Bahnhof Harburg, Bus 157

Heine-Haus

Ein wenig beachtetes Kleinod am Jungfernstieg erzählt doch eine ganz hamburgische Geschichte: Das schönste Hamburger Jugendstil-Gebäude, das Heine-Haus am Jungfernstieg, ist 2003 umfassend restauriert worden und erstrahlt wieder in vollem Glanz. Hier stand bis 1842 das Haus des Bankiers Salomon Heine (1767-1844), des Dichteronkels, der sein Haus während des Großen Brandes zur Sprengung anbot und dadurch den Erhalt der Häuser westlich der Alster ermöglichte.
1866 hatte Therese Heine das von Salomon Heine 1843 errichtete erste Heine-Haus als Frauenwohnstift „Heine´sches Asyl" gestiftet. 1902 wurde es „auf Abbruch" verkauft. Nach den Plänen des Architekten Ricardo Bahre bauten Julius Campe und Julius Kallmers 1903 ein modernes Kontorhaus.
Heute gehört dieses architektonische Juwel der Campe'schen Historischen Kunststiftung, die unter anderem die Hamburger Kunsthalle jedes Jahr mit einer namhaften Summe unterstützt.
1953 wurden ein Walmdach und dreieckige Gauben aufgesetzt, und 1956 erfolgte eine zeitgemäße Modernisierung im Erdgeschoss. Ziel der Sanierung 2003 war es, die ursprüngliche Struktur der Fassaden wiederherzustellen sowie die Restaurierung des Treppenhauses.

Jungfernstieg 34
U1, U2, S1, S2, S3, S11
Jungfernstieg

Herrensaal in St. Jacobi

Die Kirche St. Jacobi, die zu den fünf Hauptkirchen Hamburgs zählt, bildete im Mittelalter den Mittelpunkt der Siedlung außerhalb des Heidenwalls. Ihre erste Erwähnung datiert von 1255. Sie lag am Fernhandelsweg nach Lübeck, und ihre Gemeindemitglieder waren dementsprechend vor allem Klein- und Versorgungshändler für die großen Häuser in den Kirchspielen von St. Petri, St. Katharinen und St. Nikolai. Das heutige Gebäude stammt immerhin aus dem Jahre 1344. Und auch wenn die Kirche beim Feuersturm im Sommer 1943 völlig ausbrannte, so kann man hier doch immer noch beeindruckende

Kunstwerke sehen: Hinter dem Hauptaltar steht das geschnitzte Flügelretabel der Böttcher von 1518; das Flügelretabel der Fischer stammt sogar aus dem Jahre 1508. Sehr schön ist auch der Altar der Hamburger Malerzunft im südlichen Seitenschiff aus dem Jahre 1499. Die Kanzel entstand 1610. An der Langhausnordwand ist ein interessantes Gemälde der Stadt Hamburg aus dem Jahr 1681, und die Orgel konstruierte der große Orgelbaumeister Arp Schnitger (ca. 1648-1719) zwischen 1689 und 1693. Sie ist die größte erhaltene Barockorgel Norddeutschlands.

Besonders sehenswert ist der 1543 erbaute und 1710 im barocken Stil umgebaute Herrensaal über der Sakristei. Er ist der einzige erhaltene Raum aus dem 16. Jahrhundert in ganz Hamburg und dient als Sitzungsraum aller kirchlicher Gremien. Die allegorischen Gemälde in der Stuckdecke von Johann Moritz Riesenberger d. J. zeigen Stadtregierung und Bürgertugenden. Sie zeigen auch die Bedeutung der Kirchspiele für die bürgerliche Selbstverwaltung, wie sie gerade für Hamburg typisch war. Als der Saal 1992 restauriert wurde, entdeckte man hinter der Südwand alte Renaissance-Malereien, die heute durch einen raffinierten Klapp-Mechanismus ebenfalls zu betrachten sind. Sehenswert sind auch die Wappentafeln an der Wand, auf der Pastoren, Kirchspielherren und Geschworene seit dem 16. Jahrhundert abgebildet sind. Diese alten Bilder geben einen selten interessanten Blick auf die Lebenswelt des alten Hamburg frei.

Jakobikirchhof 22
Telefon 040-3037370
U3 Mönckebergstraße
Mo-Sa 10-17

Holthusenbad

Das Holthusenbad in Eppendorf ist ein nostalgisch schönes Hallenbad mit moderner Technik im Wellenbecken. Erbaut wurde es 1914 vom Architekten und Stadtplaner Fritz Schumacher (1869-1947). Der überaus tüchtige Schumacher baute in Hamburg unter anderem auch die Hochschule für Bildende Künste, das Johanneum, das Museum für

Hamburgische Geschichte, die Krugkoppelbrücke, das Tropeninstitut oder die Davidwache auf St. Pauli.

Seit 1793 gab es an der Binnenalster eine Flussbadeanstalt, um 1850 entstand auf Anregung der einflussreichen „Patriotischen Gesellschaft" am Schweinemarkt Hamburgs erstes Hallenbad, eines der ersten in Deutschland. Das Holthusenbad sollte Ersatz sein für ein weiteres Flussbad an der Alster und wurde zunächst mit „eingebautem" Standesamt und einer öffentlichen Bücherei eröffnet. Übrigens war auch die heutige Bartholomäustherme (1908) in Barmbek einst ein Standesamt und eine Bücherhalle, das scheint damals also üblich gewesen zu sein. Das Holthusenbad besitzt ein Mansarddach, das mittig von einem markanten Dachreiter bekrönt wird. Dieses Türmchen diente ursprünglich der Entlüftung der großen Badehalle. Das Äußere entspricht dem damaligen Zeitgeist des Backstein-Expressionismus, wie auch das Planetarium oder das Chilehaus. Gegenüber befindet sich die denkmalgeschützte U-Bahn Station Kellinghusenstraße, benannt nach dem ehemaligen Bürgermeister Heinrich Kellinghusen (1796-1879), der an der Eppendorfer Landstraße einen Landsitz besaß. Die 1912 erbaute Station ist wie das Holthusenbad aus Backstein gebaut. Benannt ist das Bad übrigens nach Gottfried Holthusen (1848-1920), einem Weinhändler und Senator, der unter anderem Leiter der Baubehörde war sowie zu den Mitbegründern der Universität Hamburg zählte.

Goernestraße 21
Telefon 040-18 80 90
U1, U3 Kellinghusenstraße
Sep-Apr tägl. 9-23

Hulbe-Haus

Als 1910/11 das auffällige Hulbe-Haus auf der Mönckebergstraße gebaut wurde, war die Verbindungsstraße zwischen Rathaus

und neuem Hauptbahnhof gerade fertig gestellt geworden. Der Erbauer Georg Hulbe (1851-1917) war Lederkunsthandwerker. Er stellte hochwertige Lederarbeiten her, wie Schreibmappen oder Paravents, aber auch Möbel und Tapeten, die er mit großer Kunstfertigkeit punzierte und prägte. Unter anderem hatte er bei der Lederausstattung des Hamburger Rathauses und des Reichstags in Berlin mitgearbeitet. Mit diesem Haus in direkter Nachbarschaft zur St. Petri-Kirche setzte er bewusst einen städtebaulichen Akzent, indem er niederländische Bauformen aufnahm, die früher in Hamburg weit verbreitet gewesen waren. Der Architekt war Henry Grell, der auch am großen Kontorhaus-Ensemble zwischen Mönckeberg- und Spitaler Straße mitarbeitete. Georg Hulbe wollte die reichen niederländischen Renaissanceformen als Hommage an die Tradition nordeuropäischer Hafenstädte verstanden wissen und gleichzeitig auf die damalige Bestimmung des Gebäudes als Kunstgewerbehaus hinweisen. Nicht auszuschließen, dass Hulbe auch einfach nur auffallen wollte. Auch heute noch sticht das Hulbe-Haus zwischen den großen Kontorhäusern wie Levante-Haus, Klöpper-Haus, Südsee-Haus hervor. Als man das Haus 1978 nach einem schweren Sturm restaurierte, fand man in der goldenen Kogge auf dem Dach Dokumente aus dem Jahr 1910, die sich heute im Museum für Kunst und Gewerbe befinden. Die Kogge war das Wahrzeichen der Hanse, aber auch Teil des Hulbeschen Meisterstempels.

Mönckebergstraße 21
Telefon 040-7809880
U3 Mönckebergstraße
zu üblichen Ladenöffnungszeiten

Isemarkt

Der Isemarkt ist mit fast einem Kilometer Länge angeblich der längste Freiluftmarkt Europas. Das hängt vermutlich auch damit zusammen, dass er nur eine Marktreihe hat, an der sich regelmäßig „tout Hambourg" beim Gang marktauf und -ab begegnen kann.
Feinste Delikatessen wie Trüffel, Paté oder frischer Fisch werden hier dem feinen Hamburger Publikum angeboten. Unter dem 100 Jahre alten Viadukt zwischen Eppendorfer Baum und Hoheluftbrücke, auf dem die U3 fährt, gibt es auch noch Gewürze, Biopommes, Gambas und weitere exklusive Meeresfrüchte. Für Kinder gibt es Blaubeermuffins und die berühmten „Kringel von Pingel"-Kekse. Schon oft war hier auch der Film zu Gast. Manche Szene aus dem „Großstadtrevier" oder

aus „Adelheid und ihre Mörder" wurde hier gedreht. Für die Serie „Die Kinder vom Alstertal" fanden sich sogar einige Händler bereit, ihre Stände ausnahmsweise auch einmal sonntags aufzubauen und den Markt nur zu spielen. Nur die Anwohner bedauerten, an diesem Tag nicht einkaufen zu dürfen. Auch die köstlichen „Ise-Pralinen" aus weißer, bitterer oder Vollmilchschokolade, die es auf dem Markt zu kaufen gibt, standen schon einmal vor der Kamera.

**U3 Hoheluftbrücke,
Eppendorfer Baum
Di/Fr 8.30-14**

Jarrestadt

Die Jarrestadt entstand ab 1926 nach Plänen des Stadtplaners Fritz Schumacher (1869-1947), der nicht nur den Backstein als einheitliches Fassadenelement festlegte, sondern auch selbst den Straßenplan bestimmte. Mit dem Bau der Jarrestadt wurden erstmals lang geforderte Wohnungsbaureformen auch für die einfachere Bevölkerung durchgesetzt. Dank der breiten Fenster sind die einzelnen Wohnungen, die in der Regel zwischen 50 und 60 qm groß sind, überraschend hell. Eine architektonische Revolution war, dass zu fast allen Wohnblöcken auch Waschküchen gehörten, wie auch die modernen Küchen. Die rund 1.800 Wohnungen gaben dem Stadtteil ein neues Gesicht, zumal hier im eigentlich begüterten Winterhude nun auch zahlreiche Arbeiterfamilien wohnten, deren Mitglieder in den benachbarten Industriezonen arbeiten. Eine dieser Fabriken war Naegel & Kamp, die heute als Veranstaltungsort „Kampnagel" die Hamburger Kulturszene mitgestaltet. Zu den Architekten damals zählten renommierte Büros wie Fritz Schumacher selbst, Karl Schneider, Richard Oppel, Distel & Grubitz oder Block & Hochfeld und andere. In einem offenen Wettbewerb für die Bebauung des Geländes gewann 1926 der Hamburger Architekt Karl Schneider. Unter der Leitung von Fritz Schumacher entstand eine damals moderne und wegweisende Wohnbebauung. Charakteristisch für die Jarrestadt ist die vier- bis sechsgeschossige Bebauung durch Wohnhäuser und Schulen, die sämtlich Ende der 1920er Jahre in einheitlichem Stil unter Verwendung von dunklem Klinker vorgenommen wurde. Heute ist die Jarrestadt beliebt bei älteren Mietern sowie bei Studenten mit kleinem Haushalt. Stadtpark und Alster sind beide leicht erreichbar.

U3 Saarlandstraße

Jenischpark

Der Jenischpark ist für viele Hamburger der schönste Park der Stadt. Auf jeden Fall ist er einer der ältesten. Er wurde um 1800 vom Hamburger Kaufmann Caspar Voght (1752-1839) als „rural farm" angelegt und 1828, nach dem Kauf durch Martin Johann Jenisch (1793-1857), umgestaltet. Jenisch ließ 1831-1834 den Architekten Franz Gustav Forsmann das Landhaus an der Elbchaussee bauen. Die ursprünglichen Entwürfe Forsmanns, eines Angestellten der Baudeputation, die Jenisch leitete, legte der Bauherr dem Architekten Karl Friedrich Schinkel (1781-1841) vor, der ein ganz neues, für seine Zwecke eigentlich überdimensioniertes Landhaus entwarf. Forsmann übernahm davon einige Anregungen. Heute ist das Jenischhaus ein wichtiges Denkmal klassizistischer Baukunst.

Teile des Parks, insbesondere die Feuchtwiesen der Flottbek, stehen unter Naturschutz. 1927 wurde der Park von der Stadt Altona gepachtet, 1939 erworben und der Öffentlichkeit zugänglich gemacht. Sehenswert ist das „Kaisertor" an der Elbchaussee, das Baron Jenisch im Jahre 1906 anlässlich eines Besuchs des Kaisers Wilhelm II. errichten ließ. Immerhin war Kaiserin Auguste Viktoria (1858-1929) als Tochter des dänisch-deutschen Prinzen Friedrichs VIII. von Schleswig-Holstein zeitweise in Nienstedten, also in der Nachbarschaft, aufgewachsen. Außerdem hatte Reichskanzler Bernhard von Bülow (1849-1929) lange in Klein Flottbek gelebt. Im Jenischhaus finden immer wieder interessante Ausstellungen zur Geschichte Hamburgs statt, insbesondere zur Kunst und zum Leben in den Elbvororten.

Hochrad 75
Baron-Voght-Straße 50
Telefon 040-828790
S 1 Klein Flottbek
Bus 39 und 286 bis Teufelsbrück
Di-So 11-18

Jüdischer Friedhof

Das Zentrum des Altonaer jüdischen Lebens befand sich dort, wo heute die Kirchenstraße ist. Während des Dritten Reichs wurde allerdings so viel zerstört, dass man heute weder Spuren dieses jüdischen Lebens noch überhaupt die alten Straßenzüge wiederfinden kann. Die älteste Hamburger Synagoge befand sich in der damaligen Papagoyenstraße, was heute dem Gelände gegenüber den Häusern in der Kirchenstraße entsprechen würde. Als Jahr der Grundsteinlegung wird 1682 angenommen. Der jüdische Friedhof, der 1611 angelegt und 1869 abgeschlossen wurde, ist heute eines der letzten Zeugnisse der großen Hamburger jüdischen Geschichte: ein rund 1,9 Hektar großer, mit hohen Zäunen umgebener Ort der Stille an der lauten Königstraße. Aufgrund seines Alters und wegen seiner Gräber ist er einer der bedeutendsten jüdischen Friedhöfe der Welt. Beispielsweise liegt hier Jakob Emdens begraben, der Sohn des Zwi Hirsch Aschkenasi (1660-1718) und Widersacher des Oberrabbiners Jonathan Eybeschütz (1690-1764). Letzterer war Rabbiner der Dreigemeinden Altona, Hamburg und Wandsbek und ist hier ebenfalls begraben. Dieser Streit wurde damals in den jüdischen Gemeinden von Amsterdam bis Prag intensiv verfolgt und diskutiert.

Unter den hier Bestatteten sind auch Frommet Mendelssohn (gest. 1812), die Frau von Moses Mendelssohn (1729-1786) und Großmutter von Felix Mendelssohn Bartholdy (1809-1847), sowie Samson Heine (1764-1828), der Vater des Schriftstellers Heinrich Heine (1797-1856). Insgesamt befanden sich auf dem Jüdischen Friedhof einst 8.000 Grabsteine, von denen heute noch 6.000 vorhanden sind.

Königstraße 10a
Telefon 040-4281310
S1, S3, Königstraße
Okt-Mär Di/Do 14-17, So 14-17
Apr-Sep Di/Do 15-18, So 14-17

Kanzlerhaus

Auf dem Grundstück in Harburg, wo heute das Kanzlerhaus steht, war früher eine Münze. Das war 1631, mitten im Dreißigjährigen Krieg. Elf Jahre später, fast am Ende dieses Krieges, wurde von hier aus Harburg und seine Umgebung regiert – und zwar durch den Kanzler der Herzöge von Braunschweig-Lüneburg. Nach dem Schloss war das Kanzlerhaus das ranghöchste Gebäude Harburgs. Zudem hatten hier ein Wachmann und der Kommandant eine Wohnung sowie einen Arbeitsplatz. 1710 ging das Haus in Privatbesitz eines Amtmanns des Kurfürstentums Hannover über, und auf dem alten Gewölbekeller wurde ein neuer, repräsentativer Fachwerkbau errichtet. Das Haus entstand neu als zweigeschossiges traufständiges Fachwerkhaus mit barockem Walmdach. Das klassizistische Treppenhaus aus dem Jahre 1780 ist eine sehenswerte Rarität, die nicht nur im arg zerschandelten Harburg, sondern auch in ganz Hamburg ihresgleichen sucht. Das Kanzlerhaus ist eines der letzten Zeugnisse in Harburg aus der Zeit der vorindustriellen Revolution, die diese Stadt seit den 1870er Jahren doch radikal umgekrempelt hat. Früher wurde das Kanzlerhaus als Wohnhaus genutzt, heute gehört das bedeutende Harburger Kulturdenkmal der Stiftung Denkmalpflege Hamburg, die es von Grund auf restauriert hat. Seit dem Jahre 2001 wird das Haus vom Verein Harburger Frauenkulturhaus genutzt, und es finden regelmäßig Ausstellungen und Kurse statt.

Neue Straße 95
Telefon 040-772256
S3, S31 Harburg Rathaus

Köhlbrandbrücke

Fast vier Kilometer ist sie lang, die längste Brücke Hamburgs. Und an der höchsten Stelle 53 Meter hoch. Und nur für den Motorverkehr zugelassen, außer an einem Tag im Jahr, wenn 20.000 Hobbyradfahrer an den Hamburg-Cyclassics teilnehmen und kurz vor dem Ziel den Höhepunkt ihrer Ausfahrt erleben. Die Brücke wurde 1974 nach vierjähriger Bauzeit eingeweiht, damals durften die Hamburger zu Fuß darüber schreiten, was heute natürlich verboten ist. Mit den in-

zwischen legendären Worten „Denn latschen mer ma nieber" weihte der damalige Bundespräsident Walter Scheel die Köhlbrandbrücke ein. 600.000 Hamburger nutzten diese einmalige Gelegenheit. Die Brücke sollte den ständig wachsenden Verkehr der 1910 begonnenen Trajektfähren über den Köhlbrand ersetzen. Sie ist in Waltershof an die A7 und den neuen Elbtunnel angeschlossen. Täglich wird sie von 30.000 Fahrzeugen befahren. Die Baukosten betrugen schon damals gigantische 160 Millionen D-Mark. Der Köhlbrand ist eigentlich ein

325 Meter breiter Elbarm zwischen Süder- und Norderelbe, der im 15. Jahrhundert durch schwere Sturmfluten entstanden war. Bis ins 19. Jahrhundert hinein gab es hier viele Werften. 1908 wurde durch einen Vertrag zwischen Hamburg und Preußen vereinbart, dass der Köhlbrand 600 Meter weiter westwärts verlegt und vier Meter tiefer ausgebaggert werden sollte. In der Folge verlor die Süderelbe beinahe vollständig ihre Bedeutung als Schifffahrtsweg, bis sie nach der Flut 1962 praktisch gesamt durch den Köhlbrand abgeleitet wurde. Die Brücke erlaubt den Schiffsverkehr auf dem Köhlbrand bei Höchst- wie auch bei Niedrigwasser, Kollisionen gab es Gott sei Dank nur sehr wenige. Allerdings haben sich bereits 70 Suizide von der Brücke ereignet. Die Brücke ist renovierungsbedürftig, und im Zuge des Baus der „Hafenspange" zwischen A1 und A7 wird momentan über einen Neubau diskutiert. Am besten fährt man noch mal rüber – romantisch schön ist das auch bei Sonnenuntergang.

Köhlbrandbrücke
Hafenfähre 61
bis Zollamt Waltershof
Bus 151, 152

Krugkoppelbrücke

Die Krugkoppelbrücke bildet die Verbindung von Harvestehude nach Winterhude. Erbaut wurde sie 1927 von Fritz Schumacher (1869-1947). Die Eisenbetonkonstruktion mit den markanten drei Bögen auf Pfahlgründung ist mit einer charakteristisch gemusterten Klinkerhaut verkleidet, das Geländer mit ornamentalen Klinkerterrakotta gefüllt. Die erste Brücke an der Krugkoppel war 1892 als Holzkonstruktion errichtet worden, als die beiden neu entwickelten Stadtteile Harvestehude und Winterhude zum ersten Mal über den Alsterlauf miteinander verbunden wurden. Auf der bekannten Alsterrunde, auf der joggenderweise schon mal Ulrich Wickert, Johannes B. Kerner und Jobst Plog gesehen worden sein sollen, ist hier ein sehr attraktiver Pause- und Rastpunkt, von dem aus man einen spektakulären Blick bis hin zur Innenstadt hat. Gleich an der Krugkoppelbrücke befindet sich das traditionsreiche Ausflugslokal Bobby Reich mit einem kleinen Jollenhafen und einem beliebten Bootsverleih. Auf der anderen Seite der Brücke befindet sich eine Kneipe im ehemaligen Toilettenhäuschen der 1865 von Martin Haller (1835-1929) erbauten Alstervilla im Harvestehuder Weg 45, in der heute der Anglo-German Club beheimatet ist. Besonders hübsch ist das Relief der beiden Segler in der Jolle, das wie die übrigen Reliefs auch vom Bildhauer Richard Kuöhl (1880-1961) stammt.

Krugkoppel
U2 Klosterstern
Alsterfähre Krugkoppelbrücke

Krypta in St. Michaelis

Der Michel ist nicht nur die bedeutendste Barockkirche Norddeutschlands, er ist auch Hamburgs Wahrzeichen. Und darf daher natürlich nicht auf der Liste der „Seh-Pflichten" fehlen. Aber der Besucher sollte nicht nur die Zahlen zur Kenntnis nehmen (der Turm ist 132 Meter hoch, die Kirchturmuhr ist mit acht Metern die größte Deutschlands, der Kirchenraum ist 52 Meter lang und der Altar 20 Meter hoch), sondern auch die Geschichte: Der Michel wurde zwischen 1750 und 1762 erbaut (sein Vorgänger, der um 1600 erbaut wurde, war die erste Kirche in der damaligen Neustadt), der Brand von 1906 zerstörte die Kirche vollkommen, und nach dem Zweiten Weltkrieg wurde er 1952 wieder eingeweiht. Wenn man den Michel besucht, sollte man auch nicht die Krypta verpassen, in der zwischen 1758 und 1806 rund 2.200 Menschen beerdigt wurden, darunter die Musiker Carl Philipp Emanuel Bach (1714-1788) und Johann Mattheson (1681-1764) sowie der „Michel-Baumeister" Ernst Georg Sonnin (1713-1794). Viele Gräber sind unversehrt und zu besichtigen, außerdem wurde die Krypta kürzlich renoviert, und es befindet sich hier eine interessante Dauerausstellung über die Geschichte des Michel. Der Michel bietet seit 2007 die Kirchenbestattung in der Krypta unter dem Michel wieder an, um an die alte Tradition der Kirchenbestattung anzuknüpfen. In dem neuen Kolumbarium, das sich in einem bisher nicht zugänglichen Teil der barocken Krypta befindet, können rund 1.000 Urnen beigesetzt werden.

Englische Planke 1a
Telefon 040-376780
U3 Rödingsmarkt, St. Pauli
Kirche und Turm:
Mai-Okt tägl. 9-20
Nov-Apr tägl. 10-18
So ab 12.30

Krypta im Mahnmal St. Nikolai

Als der Neubau der Hauptkirche St. Nikolai 1874 mit der Erstellung des Turmes abgeschlossen wurde, war diese Hamburger Kirche mit 147 Metern für kurze Zeit tatsächlich das höchste Gebäude der Welt. Heute noch ist der Turm das zweithöchste Gebäude Hamburgs, der dritthöchste Kirchturm Deutschlands und der fünfthöchste der Welt. Ursprünglich war im Jahre 1195 der Grundstein zu dieser Kirche gelegt worden, die damals die Rolle einer Kirche für den Hafen übernahm. Der Hl. Nikolaus war ja der Schutzpatron der Seefahrer. Beim Großen Brand 1842 brannte die Kirche vollständig nieder und wurde im Zuge der damals grassierenden Gotik-Begeisterung (wie der Kölner Dom) im neoromanischen Stil wieder aufgebaut. Bei der „Operation Gomorrha" im Juli 1943 nutzten die alliierten Bomberpiloten den hohen Kirchturm als Orientierungspunkt.

Der Verein „Rettet die Nikolaikirche" richtete in der Krypta eine Ausstellung zur Geschichte der Kirche ein wie auch zu den Themen „Hamburg im Feuersturm" und zur Zerstörung der englischen Stadt Coventry durch die deutsche Luftwaffe. Die Ausstellungen sind unbedingt sehenswert. In der Turmhalle, versteckt hinter dem Lift, befand sich über Jahrzehnte (seit 1977) ein bedeutendes Kunstwerk, ein schwarzweißes Mosaik von Oskar Kokoschka mit dem Titel ECCO HOMO. Im Sommer 2008 wurde es restauriert und durch eine Verglasung geschützt an die Stirnseite des ehemaligen Chores versetzt.

Lohnenswert ist zum Abschluss eine Fahrt mit dem gläsernen Aufzug in die Höhe.

Willy-Brandt-Straße 60
Telefon 040-371125
U3 Rödingsmarkt
tägl. 10.30-17.30

Laeiszhof

Auf dem Dach des Laeiszhofs am Nikolaifleet steht eine Kuriosität Hamburgs: ein Pudel. Carl Laeisz (1828-1901) war Segelschiffreeder und gegen Ende des 19. Jahrhunderts mit dem Südamerika-Handel zu Reichtum gekommen. Über dem Hauptportal des Kontorhauses befinden sich Skulpturen von Wilhelm I. und Wilhelm II., Bismarck und des Feldherrn von Moltke, die der Bildhauer Bruno Kruse schuf. Der Pudel, ein liebenswerter Gegensatz zu den ernsten Porträts der Staatsmänner, erinnert an den Kosenamen der Reedersgattin Sophie Christina Laeisz (1831-1912), die über eine lockige Haarpracht verfügte. Nachdem das erste Schiff der Reederei den Namen „Pudel" erhalten hatte, folgten alle weiteren Schiffe mit dem Anfangsbuchstaben „P" – die legendären „Flying P-Liner", zu denen auch die 1957 gesunkene „Pamir" gehörte. Die neogotische Architektur des Hauses, die der in Hamburg damals sehr beliebten „Hannoverschen Schule" folgte, lässt sich an den reich mit Formsteinen und Bändern aus Glasurziegeln sowie einem Rusticasockel aus rotem Granit erkennen. Früher lagen am Nikolaifleet, einem der historisch bedeutendsten Orte Hamburgs, der Hamburger Hafen, das Rathaus und die Börse. Am Nikolaifleet kann man noch Tag für Tag erkennen, wie sehr der Hafen früher von Ebbe und Flut abhängig war, denn alle sechs Stunden fällt das Fleet praktisch trocken und gibt den Möwen reichlich Gelegenheit zur Nahrungssuche im Schlick. Heute thront der Laeiszhof über diesem bedeutenden Ort.

Trostbrücke 1
Telefon 040-368080 (Reederei)
U3 Rathaus

Lange Reihe

Als die Straße 1682 angelegt wurde, um von Hamburg in Richtung Norden zu führen, wurde sie zunächst nur einseitig bebaut – daher der Name „Reihe". Bereits um das Jahr 1200 war vor dem Steintor im Osten der Alster das St. Georgs-Hospital für Leprakranke außerhalb der Stadtmauern entstanden. Über Jahrhunderte prägte das später eingerichtete Armenstift sowie zahlreiche Gärten diese Vorstadt – die „Koppel" ist noch Ausdruck davon, und am Besenbinderhof wohnte der Kaufmann, Ratsherr und Dichter Barthold Hinrich Brockes (1680-1747), der seinen großen Garten besang. Aber: Seit 1554 befand sich in St. Georg auch der Hamburger Galgen, und zehn Jahre später wurde hier ein Pestfriedhof eingerichtet. Zwischen Langer Reihe und der Alster ist nach dem Bau des Hauptbahnhofs Anfang des 20. Jahrhunderts ein wahres „Hotelviertel" entstanden, aber ebenso wichtig war hier von jeher auch das Vergnügen, so gab es hier lange Jahre einen „Tivoli". Heute ist die Lange Reihe im Herzen St. Georgs eine der wenigen erhaltenen Altstadtstraßen Hamburgs. Haus Nr. 71 ist das Geburtshaus von Hans Albers, und der Hamburger Schriftsteller Hans Leip wurde 1893 in der Nähe, in der Freiligrathstraße Nr. 6 geboren. Sein Vater verkaufte in der Langen Reihe Nr. 91 Fettwaren und Bier. Die Lange Reihe ist mittlerweile eine der teuersten Wohnstraßen Hamburgs. Die Straße hat sich in den letzten Jahren radikal verändert: vom Armeleutequartier ist sie zum Zentrum der Hamburger Schwulenszene geworden. Die stadtteilprägende Vielfalt kennzeichnet auch die Lange Reihe: Hier startet jedes Jahr die Parade zum Hamburger Christopher Street Day. Einige Häuser in der Langen Reihe stehen unter Denkmalschutz: Nr. 30, Nr. 50, Nr. 51, Nr. 61, Nr. 92. Unter akuter Platznot hingegen leidet das Café Gnosa, Treffpunkt des Viertels mit legendärem Kuchen.

Lange Reihe
Hauptbahnhof

Lessing-Denkmal

„Ja, in Hamburg bin ich gewesen; und in neun bis zehn Wochen denke ich wiederum hinzugehen wahrscheinlicher Weise, um auf immer da zu bleiben", schrieb Gotthold Ephraim Lessing (1729-1781) am 1. Februar 1767 in einem Brief. Lessing konnte zu dem Zeitpunkt noch nicht ahnen, was ihn in Hamburg alles erwartete. Er wurde im April 1767 Berater und Dramaturg am Hamburger Nationaltheater,

kurz in der Hansestadt, denn das Theater musste 1769 schon wieder seine Pforten schließen. Das Hamburger Publikum wollte lieber Sensationen und Spaß als ernsthaftes Theater sehen. So brach Lessing seine Zelte in Hamburg ab und ging an die berühmte Bibliothek nach Wolfenbüttel.

Das Theatergebäude befand sich in dem 1765 errichteten Schauspielhaus am Gänsemarkt. Das prächtige Denkmal für Lessing gegenüber auf dem Gänsemarkt, gebaut von Friedrich Schaper, wurde 1881 eingeweiht, zum 100. Todestag des Dichters. Wegen des großen Andrangs mussten an jenem Tage sogar Eintrittsbillets für die Einweihungsveranstaltung ausgegeben werden. Das Denkmal selbst stand damals auf einem großen Podest, vier Stufen hoch, und Lessing blickte in Richtung Süden, nicht wie heute nach Westen. Hamburg war damals bemüht, die Verbindungen Lessings mit der Hansestadt aufzuzeigen, indem man ihm zu Füßen den Hamburger Aufklärer Hermann Samuel Reimarus (1694-1768) und den Hamburger Schauspieler Conrad Ekhof (1720-1778) mit verewigte. Und in der Zeitung hieß es damals, er sei mit dem „Band der Liebe" an Hamburg gebunden gewesen. Das stimmt, denn Lessing heiratete 1776 die Hamburgerin Eva König (1738-1778). Dabei war Lessing in Hamburg gar nicht immer beliebt: Sein

das, nach den Worten Herders, „deutsche Nationalbühne werden wollte". Im Reisegepäck hatte er das bis heute beliebte Lustspiel „Minna von Barnhelm", in dem Lessing erstmals ein preußisches Offiziersschicksal auf die Bühne brachte. Es wurde das erfolgreichste Stück im Repertoire des Nationaltheaters. Lessing blieb allerdings nur recht

Tod durfte in Hamburger Zeitungen nicht bekannt gemacht werden, und der Rat wollte sogar die Trauerfeier im Theater zu verhindern. Heute schmückt sich Hamburg mit Lessing und vergibt seit 1929, anlässlich des 200. Geburtstags einen Lessing-Preis, zu dessen Trägern Hans Henny Jahnn, Hannah Ahrendt, Peter Weiss, Jan Philipp Reemtsma und Karl Schlögel zählen.

Gänsemarkt
U2 Gänsemarkt

Leuchtturm Neuwerk

Der steinerne Wehrturm, den die Stadt Hamburg im Jahre 1310 auf der Insel Neuwerk in der Elbmündung errichtete, ist heute das älteste Bauwerk der Hansestadt. Der Turm auf der Watteninsel diente vor allem als Seezeichen und als Zeichen des Hamburger Anspruchs auf die Kontrolle der Elbmündung. Neuwerk wurde erstmals 1286 erwähnt, seit 1300 findet sich in den Archiven die Bezeichnung „Nige O", wobei das „O" für „oog" steht, die niederdeutsche Bezeichnung für

Insel. Ab 1388 kam Neuwerk unter die Verwaltung des hamburgischen Amtes Ritzebüttel. Infolge des Groß-Hamburg-Gesetzes von 1937 kamen Cuxhaven und Neuwerk an Preußen und später an Niedersachsen. Doch durch einen Staatsvertrag zwischen Niedersachsen und Hamburg wurden die Inseln Neuwerk und Scharhörn 1969 wieder ins Hamburger Staatsgebiet eingegliedert. Dafür erhielt Niedersachsen hamburgisches Gebiet in Cuxhaven, was den Bau des Cuxhavener Fischereihafens ermöglichte. Neuwerk liegt immerhin 100 Kilometer weit von Hamburg entfernt.

Jahr für Jahr kommen rund 120.000 Touristen nach Neuwerk, die meisten von ihnen für einen Tag. Denn viel ist hier nicht zu erleben, außer Ruhe. Die Insel selbst kann man, wenn man auf dem Hauptdeich spaziert, in einer Stunde umrunden. Auf Neuwerk gibt es zwei Schullandheime, ein Zeltlager, mehrere Zeltmöglichkeiten, eine Schule, mehrere Pensionen und Hotels sowie ein Bernsteinmuseum. Auf dem „Friedhof der Namenlosen" wurden früher die namenlosen Seefahrer begraben, die von der Flut angespült wurden. Eine kleine Berühmtheit erlangte Neuwerk durch den NDR-Tatort „Tod vor Scharhörn", den letzten Tatort mit Manfred Krug und Charles Brauer, der größtenteils auf der Insel spielt. Die literarische Vorlage zu dem Krimi lieferte übrigens schon im Jahre 1927 der Hamburger Schriftsteller Hans Leip (1893-1983).

Leuchtturm 1
Telefon 04721-29078

Marco-Polo-Terrassen

Die Marco-Polo-Terrassen sind mit rund 6.400 Quadratmetern der größte Platz der HafenCity. Zwischen Dalmannkai und Strandkai bieten die Terrassen einen guten Blick auf den angrenzenden Grasbrookhafen, in dem eine moderne Marina Platz finden soll. Die Architekten der Marco-Polo-Terrassen stammen aus dem Architektenbüro EMBT Associated Architects aus Barcelona. Sie wollten die Hafenatmosphäre mit mediterraner Leichtigkeit verbinden, was wohl als gelungen bezeichnet werden kann, zumal hier durch die Stufenbildung auch den Gezeiten Rechnung getragen wurde. Es gibt auf dem Platz zahlreiche Sitz- und Liegeflächen, damit der gestresste Kreative in der Mittagspause entspannen oder der fußmüde Tourist regenerieren kann. Terrazzoähnliches Kunstmineral als Asphaltanstrich auf der oberen Ebene werden unterbrochen von Teppichelementen aus Natursteinmosaik und verschiedenfarbigen Formsteinen, die an die Form von Möwen erinnern. Die Bäume, von denen vielleicht etwas mehr hätten gepflanzt werden können, sollen im Sommer Schatten spenden. An der Südseite, wo auch schon hübsche Wohnungen mit vielen Fenstern entstanden sind, gibt es eine nennenswerte Gastronomie, und die Terrassen füllen sich sommers wie winters mit Menschen. Die Marco-Polo-Terrassen am Dalmannkai sind sicher eine Besichtigung wert, hoffentlich ist genügend Platz für die vielen Touristen, die bald auch die neue Elbphilharmonie besuchen werden. Immerhin hat die Gestaltung dieses Platzes allein über fünf Millionen Euro gekostet. Die Holzflächen sind aus Bongossi-Holz aus dem Urwald – von dem dieser Platz meilenweit entfernt ist.

Marco-Polo-Terrassen
Meßberg
(ab ca. 2012: Überseequartier)

Mellin-Passage

In Hamburg gibt es viele und sehr schöne Passagen. Die älteste und eine der schönsten ist die Mellin-Passage zwischen den Alsterarkaden und dem Neuen Wall. Die Umgebung ist bereits sensationell: der Neue Wall ist eine der schönsten und teuersten Einkaufsstraßen Deutschlands. Und die Alsterarkaden an der Kleinen Alster (erbaut 1843-46) sollten die Hamburger an Venedig erinnern. Höchst spektakulär ist daher der Blick vom Neuen Wall durch die Alsterarkaden auf den Rathausmarkt, bei dem die Augen wie so oft in Hamburg über glitzerndes Wasser streifen.

Die zurückhaltende Eleganz der Passage, die ihren Namen von einem ehemals dort ansässigen Krämerladen hat, entsteht durch dunkles Holz in wundervoll aufeinander abgestimmten Proportionen und eine atemberaubend schönen Decke. Die historischen Ausmalungen in der Manier des Jugendstils sind bis heute erhalten. In einem Eckgeschäft befindet sich seit über 50 Jahren die Buchhandlung Felix Jud, die insgesamt bereits auf eine achtzigjährige Tradition in Hamburg zurückblicken kann. Sie steht für qualitativ hochwertige Literatur und intensive Gespräche darüber, für ein exquisites Antiquariat, für interessante Autographen und für einen kleinen exklusiven Verlag, den sie selbst betreibt. Die andere Seite der Passage besetzt ein Porzellan- und Besteckwarengeschäft, das exklusive Ware abseits vom Massengeschmack anbietet. Ihm gegenüber bietet das „Saliba", ein seit vielen Jahren in Hamburg verwurzeltes Restaurant in Familienbesitz, ein hervorragendes Angebot an Speisen und Getränken.

Die Alsterarkaden am anderern Ende der Passage wurden vom Hamburger Architekten Alexis de Chateauneuf (1799-1853) für den nach dem „Großen Brand" von 1842 neu zu schaffenden Rathausmarkt erbaut. Chateauneuf entwarf für die Westseite der neu gestauten Kleinen Alster einen rundbogigen Arkadengang im italienischen Stil, der weiß verputzt wurde. So ist von beiden Seiten für ein herrschaftliches Eintreten in die Passage gesorgt.

Alsterarkaden/Neuer Wall
S1, S2, S11, U1, U2, U3
Jungfernstieg

Millerntorstadion

St. Pauli ist kein Hamburger Stadtteil, sondern eine Lebenseinstellung. Das gilt nicht nur für die Bewohner, sondern auch und vor allem für den gleichnamigen Fußballverein, dessen Fans mit besonderer Liebe an ihrem Verein hängen. Wohl nirgendwo sonst könnte ein schwuler Theatermacher Vereinspräsident sein. Der FC St. Pauli 1910 wurde allerdings gar nicht 1910 gegründet, sondern erst 1924. Weil es aber schon seit 1910 eine Fußballabteilung im St. Pauli Turnverein von 1862 gab, nannte man sich einfach so. Seit damals spielen die Fußballer übrigens schon in den Vereinsfarben braun/weiß.
Weil nach dem Zweiten Weltkrieg ihr alter Fußballplatz zerstört war, bauten die St. Paulianer auf dem Heiligengeistfeld direkt neben dem großen Bunker an der Feldstraße, von dessen Dach aus man die Spiele beobachten kann, ein neues Stadion. Und weil das Stadion 1960 einer Gartenausstellung weichen musste, wurde noch ein neues Stadion

gebaut. 1974 stieg die Mannschaft zum ersten Mal in die Zweite, 1977 sogar in die Erste Bundesliga auf. Besonders legendär ist die Treue der Fans am Millerntor, denn auch zu Oberligaspielen kamen fast immer über 5.000 Zuschauer, wie das zu einem leidenschaftlichen Fan eben gehört. Die Anhänger sind zu einer bemerkenswerten Selbstironie fähig, etwa wenn sie nach einem der seltenen Siege ausgerechnet über Bayern München T-Shirts drucken lassen mit der Aufschrift „Weltpokalsieger-Besieger". Die Fans am Millerntor können sich eben über Kleinigkeiten freuen. 2003 veranstaltete der Verein die „Retter"-Kampagne, und mit dem Verkauf der T-Shirts an seine zahlreichen Fans in Hamburg konnte der Verein dann die fälligen Schulden bezahlen. Das Stadion hieß zwischen 1970 und 1998 offiziell Wilhelm-Koch-Stadion (nach einem langjährigen Präsidenten), seither nur noch Millerntorstadion. Seit dem Jahr 2008 steht eine große Südtribüne, so dass das Stadion jetzt 22.000 Zuschauer fasst. Nach Abschluss der Bauarbeiten, die bis 2014 dauern sollen, soll es 27.000 Zuschauer fassen.

Auf dem Heiligengeistfeld
Telefon 040-31787421
U3 St. Pauli

Miniatur-Wunderland

Mit bisher über vier Millionen Besuchern ist das MiWuLa sicherlich kein Geheimtipp mehr – aber einige waren wahrscheinlich immer noch nicht in der größten Modelleisenbahnanlage der Welt!

Auf der 1.150 Quadratmeter großen Anlagenfläche liegen insgesamt zwölf Kilometer Gleise im Maßstab 1:87 (Die Experten nennen diese Spurgröße H0). Auf der gesamten Anlage fahren mehr als 830 Züge, die natürlich allesamt digital gesteuert sind. Im Dezember 2000 wurde der Bau nach einem Plan, den die beiden Brüder Gerrit und Frederik Braun auf zwei DIN A 4-Zetteln skizziert hatten, begonnen. Im August 2001 wurden die ersten drei Anlagenabschnitte in Betrieb genommen. Seither wurden ständig neue Anlagenteile ergänzt. Nach der Fertigstellung des Abschnitts „Küste" Ende 2002 war das Wunderland die größte Modelleisenbahn Europas, seit der Fertigstellung der beiden Abschnitte „USA" und „Skandinavien" ist sie die größte der Welt.

Insgesamt besteht die Anlage aus sieben Abschnitten von jeweils 100 bis 300 Quadratmetern Fläche. Die ersten Abschnitte waren Mittel- und Süddeutschland, die österreichischen Alpen und eine ICE-Trasse. Der zweite Abschnitt behandelt das Thema Hamburg und Küste.

Der dritte Abschnitt, USA, enthält unter anderem Las Vegas und Miami. Dabei sind fahrende Autos und sogar eine „Seenplatte", die 30.000 Liter Wasser fasst, in der nicht nur Schiffe fahren, sondern in der auch Ebbe und Flut simuliert werden. Die Schweizer Alpen zeigen eine Höhe von insgesamt fünf Metern, die Besucher können hier auch von Treppen aus die Sache aus luftiger Höhe betrachten.

Dann gibt es auch noch ein paar Extras: Die HSV-Arena, der ehemalige Volkspark, bei dem ein simulierter Tagesablauf alle 15 Minuten das Einschalten des Flutlichts mit 300.000 Lampen notwendig macht. In der ausgedachten Stadt „Knuffingen", die 120 Quadratmeter groß ist, fahren über 100 Autos und außerdem alle zehn Minuten ein Feuerwehrauto. Die Besucher entdecken an jeder Ecke ein liebenswertes Detail, so etwa eine magnetisch gesteuerte Kuh in einem Kuhfladen-Bingo-Spiel.

Kehrwieder 2, Block D /4. Boden
Telefon 040-3006800
U3 Baumwall oder U1 Messberg
Mo/Mi/Do 9.30-18, Di 9.30-21
Sa 8-21, So 8.30-20

Müllberge

Die ehemaligen Müllberge zwischen Poppenbüttel und Wellingsbüttel sind heute ein sehenswertes hübsches Naturschutzgebiet, und zwar eines der ganz besonderen Art. Die Geschichte dieser Berge begann in den 1960er Jahren, als man zunächst den Sandabbau auf einer großen Fläche genehmigte und anschließend an dieser Stelle eine Mülldeponie anlegte, auf der die Anwohner sonnabends unter behördlicher Aufsicht nur Gartenabfälle, Kartons, Verpackungsmaterial und Sperrmüll abladen durften. Haus- und Sondermüll

Münzburg

In der Münzburg wohnten früher einmal die Hamburger Bürgermeister. Die Münzburg wurde zur gleichen Zeit wie das neue Rathaus und die Speicherstadt gebaut, noch vor dem Hauptbahnhof, dessen neue Schienen 1906 das Aussehen der neogotischen Kleinsiedlung am Münzplatz für immer zerstörten. Als die Münzburg 1881-1886 gebaut wurde, gab es hier nur die Bahnverbindung zwischen dem Lübecker Bahnhof und der Verbindungsbahn in Richtung Altona, und der Straßenverkehr war noch lange nicht so atemberaubend wie heute. Diese Häuser waren ein absoluter Renommierbau, und gleichermaßen visionär, denn hier sollten auch neue Arbeitskräfte Wohnraum finden. Besonders die luxuriöse Bauweise und die Mischung von Wohn- und Arbeitsstätten sollte Menschen nach Hamburg ziehen – ein Konzept, das heute mit dem Bau der HafenCity wieder aktuell geworden ist. Den Namen hat die Münzburg wie auch das Münzviertel von der berühmten Hamburger Münzprägeanstalt, die es bis 1982 an diesem Ort gab, ehe sie nach Meiendorf umzog. Früher dehnten sich hier die Gärten der reichen Hamburger bis hin zur Elbe, worüber auch der alte Hamburger Dichter Barthold Hinrich Brockes (1680-1747)

waren verboten. Als man 1982 die Deponie schloss, wurden hier 30 Meter hoch Bauschutt, Bäume und Sträucher abgelagert, die einen Berg bilden sollten. Im Jahre 2004 wurde diese „Aufsattelung" beendet, die Oberfläche wurde begrünt und steht seitdem der Öffentlichkeit zur Verfügung. Heute sind die Berge insgesamt 70 Meter hoch, und daneben liegt der Hummelsee, der mit seinem klaren Wasser bei gutem Wetter zum Baden einlädt.

Glashütter Landstraße

Museum der Arbeit

Dieses interessante Museum hat sich einem faszinierenden Thema gewidmet: dem Wandel von Leben und Arbeiten in den letzten 200 Jahren. Das Konzept sieht vor, dass vor allem die Veränderungen ausgestellt werden, denen der Mensch unterworfen war. In einer ehemaligen Produktionsstätte des New-York-Hamburger Gummi-Waaren-Compagnie mitten in Barmbek ist seit 1996 dieses Museum zu Hause, das heute ein kulturgeschichtliches Archiv mit ganzen Werkstätten, Wohnungseinrichtungen und Haushalten ist. In seinen Außenstellen, unter anderen dem Speicherstadtmuseum oder dem neuen Hafenmuseum, kann das Museum viele seiner Dauerleihgaben präsentieren, etwa alte Flussbagger, einen Schwimmkran oder eine Slipanlage für die Schutenreparatur aus der Zeit um 1900.

Immer einen Besuch wert ist das Museumscafé T.R.U.D.E., das nach dem Baggerdreher auf dem Museumshof benannt ist, der die vierte Elbtunnelröhre gebaggert hat. Die Ingenieure tauften ihn „Tief Runter Unter Die Erde". Allein der Anblick dieses Baggers lässt den Betrachter erschauern und verursacht dann doch ein bisschen Ehrfurcht vor der Kraft der Maschinen.

Wer sich für Buchdruck interessiert, der ist im ersten Oberge-

schrieb, der selbst in der Nachbarschaft am Besenbinderhof wohnte. Heute gibt es Dank privater Initiative wieder einen kleinen privaten Garten, wenn auch nur unter dem Bahndamm. Die Münzburg ist ein positives Beispiel für stadtplanerische Geschichte zum Anfassen, auch wenn noch viel zu tun ist. Das Gebäudeensemble steht seit 1999 unter Denkmalschutz und wurde zwischen 2003 und 2005 umfassend restauriert. Ein spannender urbaner Ort im absoluten Zentrum Hamburgs.

Münzstraße
Hauptbahnhof

schoss an der richtigen Stelle. Hier gibt es z. B. eine Werkstatt, in der das Setzen mit Bleilettern und der Druck in verschiedenen Verfahren vorgeführt wird.

Wiesendamm 3
Telefon 040-4281330
U2, U3 Barmbek
Mo 13-21 Uhr, Di-Sa 10-17 Uhr,
So 10-18 Uhr

Museumshafen Oevelgönne

In Hamburg gibt es viele Orte für Schiffe. Aber was geschieht, wenn die Wasserfahrzeuge nicht mehr gebraucht werden? Für Tiere gibt es einen Gnadenhof – und für Schiffe? Im Museumshafen Oevelgönne werden alte Schiffe mit viel Leidenschaft und Können restauriert und der Öffentlichkeit vorgestellt. Der gleichnamige Verein pflegt die Tradition alter Arbeitsschiffe, die frü-

her auf der Elbe im Einsatz waren und die ohne dieses Engagement wahrscheinlich längst verschrottet wären. Der Verein wurde 1976 gegründet, damit ist der Museumshafen Oevelgönne der älteste deutsche Museumshafen in privater Trägerschaft, nach dessen Vorbild viele Museums- und Traditionsschiffhäfen an der Nord- und Ostseeküste errichtet wurden. Neben den historischen Segelschiffen wie Präsident Freiherr von Maltzahn, Amazone, Hoop of Welfart, Elfriede, Anna, Moewe und Helene liegen dort das Feuerschiff Elbe 3, der Schwimmkran Saatsee, der dampfgetriebene Eisbrecher Stettin, die Zollbarkasse Präsident Schaefer sowie die Dampfschlepper Tiger und Claus D. Viele dieser Schiffe sind im Eigentum des Vereins Museumshafen Oevelgönne e.V. Andere gehören dem Altonaer Museum, dem Museum für Hamburger Geschichte oder sind in privatem Besitz. Das Besondere aber ist, dass jedes dieser Schiffe noch fahrtüchtig ist und auch noch gefahren wird.

Fähranleger Neumühlen
Telefon 040-41912761
Fähre 62 Neumühlen oder Bus 162
jederzeit Innenbesichtigung nach Absprache

Oberhafen-Kantine

Früher zählten Kantinen und Kaffeeklappen genauso zum Hafen wie die Kräne und Kaianlagen. Auf dem Weg zur Arbeit holten sich die Arbeiter hier Kaffee und Stullen, aßen mittags Frikadellen und Kartoffelsalat. Die Oberhafen-Kantine, die 1925 vom Kantinenwirt Hermann Sparr nach Plänen des Architekten Willy Wegner als eine der letzten Gebäude von etwa 20 dieser Art im Hamburger Hafen gebaut wurde, ist ein typischer Vertreter des norddeutschen Klinkerexpressionismus und daher ein Gebäude von hohem dokumentarischen Wert. Es ist die letzte von etwa 20 Kaffeeklappen im Hamburger Hafen. Sie wurde über 72 Jahre lang von Anita Haendel geführt, der Tochter von Hermann Sparr. Sturmfluten brachten das Gebäude in eine gefährliche Schräglage, daher musste die Oberhafen-Kantine im Mai 1997, wenige Wochen nach dem Tod von Anita Haendel, geschlossen werden. Im Jahr 2000 stellte die Stadt Hamburg die Oberhafen-Kantine unter Denkmalschutz, und zwei Jahre später kaufte der Hamburger Kulturinvestor Klausmartin Kretschmer das Häuschen. 2005 begann die Sanierung. Selbst der fußkurbelbetriebene Speiseaufzug, eine Rarität, funktioniert wieder. Im April 2006 eröffnete die Oberhafen-Kantine nach neun Jahren Pau-

flutete, hörte sie auf, und Thorsten Gillert, der früher als Aushilfe für Anita Frikadellen gebraten hatte, übernahm. Im Sommer 2008 öffnete die Oberhafen-Kantine ihre Türen erneut und bietet eine Prise Hafenflair. Eine unendliche Hamburger Geschichte.

se wieder ihre Küche, geleitet von Christa Mälzer, der Mutter des TV-Kochs Tim Mälzer. Nachdem eine Sturmflut 2007 die Küche über-

Stockmeyerstraße 39
U1 Steinstraße
Mo-So ab 12 Uhr
Küche bis 21 Uhr

Orgel von St. Petri

Die St. Petri-Kirche ist die älteste Pfarrkirche Hamburgs, im Jahre 1195 wurde sie als „ecclesia forensis" (Marktkirche) erstmals erwähnt. Sie steht auf dem höchsten Punkt der Hamburger Altstadt (nur 9,48 Meter über Normalnull). An St. Petri befindet sich das älteste Kunstwerk Hamburgs: der bronzene Löwenkopf-Türgriff am Hauptportal aus dem Jahre 1342. Nach dem Großen Brand von 1842 wurde das Gotteshaus neu errichtet, nach nur sieben Jahren Bauzeit wurde die Kirche, gebaut von Alexis de Chateauneuf (1799-1853) und Hermann Peter Fersenfeld, wieder eingeweiht. 1878 wurde auch der 132 Meter hohe Kirchturm gestellt, der bis heute die Skyline der Mönckebergstraße dominiert. Ein interessantes Gemälde in der Kirche ist „Weihnachten 1813 in St. Petri", das sich an einem Pfeiler zwischen Süd- und Hauptschiff befindet. Es zeigt, wie Hamburger Bürger von napoleonischen Besatzern in die Kirche gesperrt wurden, weil sie den Soldaten die geforderten Lebensmittel nicht übergeben konnten. Später an Weihnachten wurden die armen Hamburger von den Franzosen in den kalten Winter getrieben, wo viele von ihnen den Tod fanden.

Der Orgelbau hat in Hamburg eine große Tradition. Arp Schnitger (um 1648-1719), der wohl bekannteste Orgelbauer der Welt, war an vielen Bauten beteiligt. Auch St. Petri verfügt über eine bedeutende Orgel, von der Mitte des 20. Jahrhunderts mit vier Manualen, 60 Registern und sage und schreibe 4.682 Pfeifen, die sowohl Orgel als auch Zuhörer immer wieder begeistern, weil sich in ihrer norddeutsch-neobarocken Schale ein spätromantischer Kern verbirgt. Etwa ein Drittel der Orgelpfeifen stammt von dem Vorgänger, der romantischen Walcker-Orgel von 1884. Die Beckerath-Orgel in St. Petri ist ein Unikat, das der Orgelbauer dem Kirchenraum „auf den Leib geschneidert" hat. Damit sie das Kirchenschiff mit ihrem würdevollen Klang erfüllen kann, ist sie auf ein kompliziertes Innenleben angewiesen. Ein großes Gebläse fungiert als „Lunge" der Orgel, eine durchdachte Mechanik ermöglicht es dem Spieler, mit einem Tastendruck auch zehn Meter entfernte Pfeifen zum Erklingen zu bringen. Ein Besuch von St. Petri lohnt gerade auch wegen der Orgel.

Kreuslerstraße 6 / Ecke Speersort
U1, U2, S1, S3 Jungfernstieg
U3 Rathaus
Mo-Fr 10-18.30, Sa 10-17, So 9-21

Patriotische Gesellschaft

Ursprünglich hieß sie „Hamburgische Gesellschaft zur Beförderung der Künste und nützlichen Gewerbe" und war ein Kind der Aufklärung. Ein aktiver Kreis von zehn Aufklärern, zu denen Hermann Samuel Reimarus (1694-1768), Johann Georg Büsch (1728-1800), Johann Arnold Günther (1755-1805) und Friedrich Johann Lorenz Meyer (1760-1844) gehörten, gründete am 11. April 1765 die später so genannte „Patriotische Gesellschaft". Das Gemeinwohl der Stadt uneigennützig zu fördern war ihr Ziel – und damit war die „Patriotische Gesellschaft" die erste Vereinigung dieser Art in Deutschland und blieb das auch längere Zeit. Nach einem halben Jahr hatte die Gesellschaft bereits 100 Mitglieder, darunter viele Angehörige der bürgerlichen Oberschicht Hamburgs, 1800 waren es bereits 500 Mitglieder. Als Wappentier wählte man eine fleißige Biene (typisch hamburgisch, weil hier nur die Arbeit zählt) und fügte den Wahlspruch „Emolumento Publico" („dem Wohl der Allgemeinheit") zu. Auf Initiative der Patriotischen Gesellschaft wurden in Hamburg unter anderem der Blitzableiter und der Kartoffelanbau eingeführt sowie auch die erste Gewerbeschule, aus der die heutige Hochschule für bildende Künste hervorging. Die Zeichenklasse der Patriotischen Gesellschaft war der Beginn des berufsbildenden Schulwesens in Hamburg. Die Patriotische Gesellschaft war aber auch federführend bei der Einrichtung einer Badeanstalt an der Binnenalster 1793, bei der Gründung des Vereins für Hamburgische Geschichte, bei der Einrichtung des Museums für Kunst und Gewerbe (1861) oder der öffentlichen Bücherhallen (1899). An verschiedenen Orten Hamburgs wurden Stützpunkte einer Rettungsanstalt für Ertrinkende eingerichtet – eine Tat der praktischen Vernunft. 1847 baute Theodor Bülau im neugotischen Backsteinstil ein neues Haus an der Trostbrücke, dort, wo bis zum Großen Brand im Jahre 1842 600 Jahre lang das alte Rathaus gestanden hatte. Das Haus an der Trostbrücke brannte 1943 innen vollständig aus und wurde 1957 außen erneuert und innen nach Plänen des Architekten Friedrich Ostermeyer wieder aufgebaut. Seit 2007 wird der Keller des Hauses mit Hilfe der Deutschen Denkmalschutzstiftung wieder aufgebaut. Heute hat die Patriotische Gesellschaft 480 Mitglieder, die sich ehrenamtlich für Hamburg einsetzen.

Trostbrücke 4-6
Telefon 040-366619
U3 Rathaus

Portugiesenviertel

Portugiesen haben in Hamburg eine große Tradition. Seit etwa 1580 ließen sich in der Stadt sephardische Juden nieder, die aus ihrer Heimat auf der iberischen Halbinsel vertrieben worden waren. Die meisten von ihnen waren im Fernhandel tätig und fanden sich schnell in Hamburg zurecht. Sie bauten von hier einen lebhaften Handel mit ihrer Heimat auf. Dazu zählten der Brasilienkaufmann Emanuel Alvers, der Makler Adrian Gonsalves oder der Zuckerimporteur Diego Gomes. Abraham Senhor Texeira (1581-1666) war sogar Finanzverwalter der Könige von Dänemark und Schweden, als Altona zu Dänemark gehörte. Ende des 17. Jahrhunderts wanderten viele ärmere Juden wieder aus und die Zahl der Portugiesen in Hamburg sank wieder. Seit Ende der 1960er Jahre entwickelte sich das Hafenviertel als Zentrum der portugiesischen „Gastarbeiter". Hier wurden zahlreiche portugiesische Restaurants, Bars und Pastelarias gegründet, die bekanntesten dürften das Sagres gleich am Baumwall und die Casa Madeira in der Ditmar-Koel-Straße sein. Das Portugiesenviertel ist heute gleichermaßen Anziehungspunkt für Touristen wie Anlaufstelle für Beschäftigte in den umliegenden Bürogebäuden zur Mittagszeit. Auch einkaufen kann man hier wie in Portugal, denn einige Läden verkaufen Vinho Verde und andere portugiesische Spezialitäten. Zwischen den Portugiesen haben sich, angelockt von der „Szene", in den letzten Jahren einige hippe Läden angesiedelt, die heute in Hamburg Trends setzen.

zwischen Vorsetzen und
Ditmar-Koel-Straße
U3 Baumwall

Pressehaus Speersort

An der Steinstraße, neben dem Domplatz, erstreckt sich das Pressehaus Speersort, in dem heute die Wochenzeitung „Die Zeit" ihre Redaktion hat. Gebaut wurde es 1938 nach einem Entwurf von Rudolf Klophaus (1858-1957) für das Hamburger Tageblatt, eine Pressegruppe der NSDAP. Das Firmenemblem, eine Hansekogge von Richard Kuöhl (1880-1961), findet sich – jetzt ohne Hakenkreuz – an der Curienstraße.

Das Pressehaus ist ein riesiger Klinkerblock mit einfachen Wandflächen und Arkaden an der Westseite zur Steinstraße hin. Im Gegensatz zu den übrigen Klinkerbauten hat es einzelne Elemente aus Muschelkalk, vor allem in den Arkaden Speersort / Steinstraße. Das ursprüngliche Walmdach wurde nach Bombenschäden durch ein Staffelgeschoss ersetzt. Nach dem Krieg hatten hier unter anderen auch „Der Spiegel" und der „Stern" ihre Redaktionen.

Nach Westen hin war früher der klassizistische Bau des alten Johanneums benachbart, der 1838/1840 nach Entwürfen von Carl Ludwig Wimmel (1786-1845) errichtet worden war. Der Bau des Pressehauses am Speersort war so wichtig, dass der Reichspropagandaminister Joseph Goebbels 1938 an der Grundsteinlegung teilnahm: „Die Presse ist die geistige Waffe im Kampf um Deutschlands Weltgeltung", hieß es damals. Das Pressehaus wurde am 1. Juli 1939 bezogen. In den Jahren 1942/43 brannten durch Luftangriffe die oberen Stockwerke aus. Im August 1944 wurde kriegsbedingt eine Arbeitsgemeinschaft aus „Hamburger Tageblatt", „Hamburger Fremdenblatt" und „Hamburger Anzeiger" ins Leben gerufen. Ab September 1944 erschien statt der drei genannten Zeitungen eine gemeinsame Zeitung unter dem Namen „Hamburger Zeitung". Nach dem Zweiten Weltkrieg lebte das „Hamburger Tageblatt" nicht wieder auf, die britische Besatzung setzte einen Treuhänder ein, der die Zeitung abwickelte. Der traditionsreiche Hamburger Broschek-Verlag gab ab 1954 das „Hamburger Fremdenblatt" erneut heraus, allerdings wurde der Versuch nach nur zwei Monaten wieder eingestellt. Man einigte sich mit dem Springer-Verlag. Seitdem trug dessen „Hamburger Abendblatt" bis 1992 den Untertitel „Hamburger Fremdenblatt". Heute sitzt nur noch „Die Zeit" im Pressehaus, aber die ist ja über die Jahre nicht nur eine „alte", sondern auch eine „große Dame" geworden.

Speersort 1
U3 Mönckebergstraße

Puppenmuseum

Der Besuch des Puppenmuseums in Falkenstein lohnt sich schon wegen der Architektur des Gebäudes und wegen des Blicks auf die Elbe. Das eindrucksvolle Landhaus Michaelsen, erbaut 1923 vom Hamburger Architekten Karl Schneider (1892-1945), steht hoch über dem Elbufer, von wo aus man einen phantastischen Blick über die Elbinseln bis ins Alte Land hat. Das Haus, ein spektakulärer Prototyp des Neuen Bauens in Hamburg, sollte 1970 eigentlich abgerissen werden, aber der Abriss des Baudenkmals wur-

de glücklicherweise nicht fristgerecht vollzogen, so dass das Haus 1980 an die Stadt Hamburg fiel, die 1985 mit der Sammlerin Elke Dröscher einen Vertrag über die Renovierung und spätere Nutzung schloss. Das Puppenmuseum stellt heute über 300 Puppen vom 18. Jahrhundert bis in die Mitte des 20. Jahrhunderts aus. Es bietet nicht nur einen nostalgischen Blick auf die verspielten Miniaturwelten aus der Zeit des Biedermeier oder der Gründerzeit, sondern vermittelt auch mit der Puppenkleidung die Mode der vergangenen Jahrhunderte. In der Welt der Puppen spiegelt sich die gesellschaftliche Entwicklung. Anhand der chronologisch aufgebauten Puppenstuben, -häuser, -küchen, -läden und der ihnen zugeordneten zeitgenössischen Kinderbildnisse wird die Kulturgeschichte von 200 Jahren sicht- und begreifbar. Der Besucher tritt ein in die Guckkastenwelt der Puppenstuben und erfährt, en miniature, was zu einem gutbürgerlichen Haushalt unserer Vorfahren gehörte.

Kinder sind, so schade das ist, in diesem Museum zwar gerne gesehen, aber vielleicht doch nicht an der rechten Adresse. Denn der Drang, mit den wertvollen Puppen spielen zu wollen, könnte plötzlich zu groß werden. Und außerdem wird bei jedem Mädchen sofort der brennende Wunsch entflammen, zum nächsten Geburtstag auch so eine schöne Puppe haben zu wollen. Und ob das die Eltern wirklich wollen?

Grotiusweg 79
Telefon 040-810582
Bus 286 Falkenstein
Di-So 11-17

Rathaus-Innenhof

Die Hygieia, eine griechische Göttin der Gesundheit, besiegt den Drachen. Der zentrale Brunnen im Innenhof des Hamburger Rathauses, der wohl einer der schönsten Plätze der Stadt ist, erzählt eine der vielen interessanten Geschichten des Rathauses. Als das Rathaus, nachdem es 43 Jahre lang geplant worden war, von einer Architektengruppe um Martin Haller (1835-1925) im Jahre 1884 fertiggestellt war, brach acht Jahre später in Hamburg eine große Cholera-Epidemie aus, der 8.600 Menschen zum Opfer fielen. Ursprünglich war auf dem Platz eine Figur des Handelsgottes Merkur geplant. Aber nach der schrecklichen Krankheitswelle, die zu großen Teilen in der Verantwortung der Hamburger Stadtregierung lag, weil sie die dringend notwendige Modernisierung der Wasserversorgung immer wieder hinausgeschoben hatte, entschied man sich aus Imagegründen für die Hygieia. Die Bronzefiguren des Brunnens wurden vom Münchner Bildhauer Joseph von Kramer (1841-1908) gestaltet. Die Göttin tritt auf einen Drachen, der symbolisch für die Cholera-Epidemie von 1892 steht. Auch praktisch steht dieser Brunnen für Hygiene, denn in seinem Sockel befinden sich die Auslässe des Rathaus-Belüftungssystems. Die Figuren um die Hygieia stellen Kraft und Segen des Wassers dar.

Das Rathaus selbst hat ebenfalls eine sehr interessante Baugeschichte, die man andernorts nachlesen kann. Es ist neben dem Schloss in

Neuschwanstein oder dem Reichstag in Berlin eines der wenigen vollständig erhaltenen Beispiele des deutschen Historismus. Der prächtige Innenhof ist vom Alten Wall und der Großen-Johannis-Straße aus zugänglich. In zwölf Metern Höhe wird er von den reich dekorierten Fassaden im Stil der italienischen und norddeutschen Renaissance und von sechs Nischenfiguren gesäumt: Sie stellen Bischöfe dar, die für die Geschichte der Stadt Hamburg von Bedeutung waren.

Das bemerkenswerteste Detail des Rathauses ist die Darstellung der bürgerlichen Tugenden Weisheit, Eintracht, Tapferkeit und Frömmigkeit, die höher angeordnet sind als die Konterfeis von zwanzig deutschen Kaisern und Königen – ein Hinweis auf die Unabhängigkeit der Hansestadt von der Krone.

Im Sommer wird der Innenhof auch für klassische Konzerte genutzt, und ein Café bietet hier frischen Kuchen an. Dann kann man sehr schön an der reich verzierten Fassade die Wappen der Welthandelsstädte betrachten. Der Innenhof ist abends bis 23.00 Uhr hell erleuchtet und für Besichtigungen geöffnet. Ein hübsches Bild für die weltoffene „Bürgerrepublik" Hamburg.

U3 Rathaus

Rickmer Rickmers

Die Rickmer Rickmers ist neben der Cap San Diego das bekannteste Hamburger Museumsschiff. Es wurde 1896 gebaut, ist einer der letzten Großsegler, und liegt seit 1983 als schwimmendes Wahrzeichen Hamburgs an den Landungsbrücken. Das Schiff wechselte mehrmals seinen Namen. Als es gebaut wurde – mit der beachtlichen Gesamtsegelfläche von 3.500 Quadratmetern – wurde es nach dem Enkel des Reedereigründers benannt. Es fuhr viele erfolgreiche Fahrten, und auch ein paar gefährliche: So verrutschte beim Abreiten eines Taifuns vor Kap Hoorn einmal ihre Ladung, woraufhin sie den dritten Mast kappen musste und nur mit Mühe und Not Kapstadt in Südafrika erreichte. 1912 wurde sie an die Hamburger Reederei Carl Christian Krabbenhöft verkauft und erhielt den Namen Max. Während des Ersten Weltkriegs wurde sie auf den Azoren beschlagnahmt und transportierte von nun an als „Flores" Kriegsmaterial für die Engländer. Nach dem Krieg ging sie an Portugal, das sie als Schulschiff „Sagres" für den Marinenachwuchs einsetzte. Wo früher wertvolles Frachtgut gestaut war, wohnten jetzt Kadetten, die mit der See vertraut gemacht werden sollten. 1962 wurde sie abgetakelt und als Reservelager mit

Namen „Sante Andre" als Hulk an die Werft gelegt, wo sie bis 1983 als Depotschiff vor sich hin gammelte, bis der Verein „Windjammer für Hamburg" e. V., der 1974 gegründet worden war, dieses Schiff als Museum nach Hamburg holte. Dank einiger großzügiger Spender konnte der Segler von der Firma Bugsier nach Hamburg geschleppt und am 7. Mai 1983 anlässlich des Hafengeburtstages dem Verein übergeben werden. In freiwilligen Arbeitsstunden machten rund 50 freiwillige Helfer aus dem Wrack ein stolzes Schiff, das 1987 in eine Stiftung übergeben wurde, die das Schiff heute ohne Hilfe durch öffentliche Mittel betreibt.

**Landungsbrücken, Ponton 1a
Telefon 040-3195959
S1, S3, U3 Landungsbrücken
tägl. 10-18**

Riedemann-Mausoleum

Auf der Kuppe eines künstlichen Hügels auf dem Ohlsdorfer Friedhof, dem größten Friedhofspark der Welt und als solcher an sich natürlich auch schon sehenswert, steht, gar nicht weit vom Haupteingang entfernt, ein äußerst beeindruckendes Mausoleum. Das im neoromanischen Stil erbaute Gebäude von außergewöhnlicher Pracht ließ der Industrielle Anton Riedemann (1832-1920) im Jahre 1906 für seine mit 19 Jahren verstorbene Tochter errichten. Hier sind auch weitere verstorbene Kinder des Ehepaars Riedemann sowie sein Bruder Heinrich Nikolaus Riedemann beigesetzt. Anton Riedemann war ein Pionier der Tankschifffahrt und zusammen mit den Brüdern Schütte und dem Ölmagnaten John D. Rockefeller Begründer der Deutsch-Amerikanischen Petroleum-Gesellschaft, die 1952 in der Esso aufging. 1891 hatte Riedemann die 1883 von Martin Haller erbaute Villa am Alsterufer 27 gekauft, die heute das Generalkonsulat der USA beherbergt und als „Weißes Haus" allgemein bekannt ist. Die andere Villenhälfte kaufte sein Schwiegersohn Eduard Sanders. Die beiden Villen wurden 1934 vereinigt und als Gebäude für die Gauleitung der NSDAP genutzt. Nach dem Krieg konfiszierten die Briten das Haus, 1950 erwarben es die USA von den Erben der Eigentümer und richteten hier ihr Generalkonsulat ein. Die linke Hälfte zeigt heute noch fast die ursprüngliche Fassade, während am rechten Haus die nach Renaissance-Stil gegliederte Fassade durch eine am hanseatischen Klassizismus orientierte Gestaltung ersetzt wurde. 1951 wurde das Gebäude zum amerikanischen Generalkonsulat umgebaut.

Interessant ist, dass Anton Riedemann als absolut überzeugter Katholik (er kam aus Meppen im Emsland) hier in Ohlsdorf so groß für seine Familie bauen ließ. Das war auch ein Bekenntnis zu seiner neuen Heimat in Hamburg. Aber auch sein Katholizismus fand hier Platz – er stiftete in Barmbek die St. Sophien-Kirche, die nach seiner Frau benannt wurde. Das Mausoleum in Ohlsdorf steht mit einem kreuzförmigen Grundriss und einem achteckigen Mittelturm leicht erhöht, darunter befindet sich eine Krypta. Im Tympanon des Stufenportals sind die Mutter Maria und der Familienname als farbiges Mosaik dargestellt. Die reiche Wand- und Deckenbemalung und die bunten Glasfenster mit biblischen Motiven zeigen die Frömmigkeit des Auftraggebers. Irgendwie könnte man auf den Gedanken kommen, dass Riedemann hier eine kleine katholische Kapelle auf einem evangelischen Friedhof errichten lassen hat.

Fuhlsbütteler Straße 756
Telefon 040-593880
U1, S1, S11 Ohlsdorf
Apr-Okt tägl. 8-21
Nov-Mär tägl. 8-18

Röhrenbunker

Er war ein Klamottenladen, er war ein Jazzkeller – und er war eine Bühne für Wolfgang Borchert. Aber vor allem war er ein Bunker. Erbaut im Sommer 1940 als einer der ersten Zwei-Röhrenbunker in Hamburg, ist er heute immer noch ein Stück Erinnerung an den Eppendorfer Schriftsteller, der in der Tarpenbekstraße geboren wurde. Seinen Namen erhielt der Röhrenbunker durch seine Bauweise, die aus zwei nebeneinander liegenden Betonröhren gekennzeichnet ist. Der Bunker ist insgesamt nur 20 Meter lang, er war feuersicher, gas- und rauchsicher, splitter-, trümmer-, und verschüttungssicher. Gegen einen „Volltreffer" hatte er allerdings keine Chance, seine Wände sind nur 60 Zentimeter dick. Während des Krieges sollte er 100 Menschen Schutz bieten, nicht gerade viel für Eppendorf. Meistens waren aber mehr drin, man spricht sogar von 300 bis 400 Menschen in manchen Bombennächten. Einen Volltreffer hat es zum Glück nie gegeben. Die Einrichtung des Bunkers war dem Anlass entsprechend nur notdürftig. Auf Bänken saßen die Menschen einander gegenüber, es gab Trockenklosetts und Licht, aber kein Wasser. Bei Stromausfall gab es, wie in anderen Bunkern auch, zur Orientierung Phosphorstreifen an den Wänden, weil Kerzen nicht verwendet werden durften. Nach dem Krieg nutzte ein „Plünnhöker" die Räumlichkeiten als Laden, dann war er zwei Jahre lang Übungsraum für Jazzmusiker, bis er 1962 geschlossen wurde.

1995 riefen die beiden Künstler Michael Batz und Gerd Stange das Projekt „Subbühne" ins Leben, das die Werke von Wolfgang Borchert fördern sollte und als „Kunst im öffentlichen Raum" gilt. Im selben Jahr übernahm das Stadtteilarchiv Eppendorf die Trägerschaft des Bunkers, der seit dem Jahre 2002 ein offizielles Denkmal der Stadt ist.

**Tarpenbekstraße 68
nur im Rahmen einer Führung oder bei einer Veranstaltung, die man dem Tagesprogramm entnehmen kann**

Römischer Garten

Von dem Römischen Garten, der wie ein Schwalbennest 30 Meter über der Elbe am Geesthang Falkensteins hängt, hat man einen wunderbaren Blick auf die großen und kleinen Pötte auf dem großen Fluss. Er ist einer der schönsten und geheimsten Gärten Hamburgs. Der Römische Garten wurde zwischen 1890 und 1925 in mehreren

Abschnitten angelegt: Zunächst begann der Kaufmann Ludwig Anton Julius Richter (1836-1909) mit der Gestaltung im römischen Stil. Nach seinem Tod kaufte Moritz M. Warburg (1838-1910), der 1897 schon den Landsitz auf dem Kösterberg erworben hatte, diesen Teil des Richterschen Anwesens und erweiterte den Garten in Richtung Elbe. Seine Söhne Max M. Warburg (1867-1946) und Paul M. Warburg (1868-1932) führten die Gartengestaltung fort. Der Römische Garten steht mit seiner, südlichen Vorbildern entlehnten, Gestaltung in einem merkwürdigen Kontrast zu den anderen meist im englischen Stil angelegten Gärten in den Elbvororten. Als Bürgermeister Max Brauer (1887-1973) nach dem Zweiten Weltkrieg den Elbwanderweg für die Öffentlichkeit ausbauen und um öffentliche Anlagen bereichern wollte, tauschten die Warburgs diesen Garten gegen die Baugenehmigung für zehn Häuser neben ihrem Anwesen oben auf dem Kösterberg. Bei der Einweihung als neue Hamburger Grünanlage sagte Brauer: „Wir ergreifen heute Besitz von einem Garten, wie es nur ganz wenig in Deutschland gibt." Das rund 3.000 Quadratmeter große bewaldete Steilhanggelände trägt heute den Namen Charlottenruh nach Moritz Warburgs Frau Charlotte. Der Römische Garten mit seiner Terrasse, dem Rosengarten und dem Naturtheater, ist auch heute noch nicht ganz einfach zu erreichen: Man muss 130 versteckte Treppenstufen erklimmen und verschlungenen Pfaden folgen. Dann aber wird man mit einem grandiosen An- und Ausblick belohnt.

Bus 189 Krankenhaus Tabea

Ruderboot in den Alsterfleeten

Dass die Hamburger ein sportliches Völkchen sind, kann jeder sehen, der an der Außenalster entlang spaziert. Jeden Tag, an Werk- und Sonntagen, bei Wind und Wetter, sind hunderte, wenn nicht tausende Jogger aller Altersgruppen unterwegs, um die 7,5 Kilometer-Runde zu absolvieren. Und wer im Stadtpark entspannt, kann bei Fußballspielen unterschiedlichster Qualität zuschauen. Der älteste Sportverein Hamburgs ist der „Hamburger Ruder-Club", der am 18. Juli 1836 seine erste Ausfahrt auf der Alster unternahm. Nach englischem Vorbild ruderten elf Männer zwischen 20 und 35 Jahren aus alten hanseatischen Familien – darunter Adolph Godeffroy, Edward Sieveking und Johann Gustav Heckscher – mit den Ruderfreunden des englischen Union Boat-Club um die Wette. Weil das

Wetter an jenem Tag aber schlecht war, suchte man schnell Unterschlupf unter der Lombardsbrücke. Aus ganz anderem Holz geschnitzt sind dagegen die Ruderer von heute, die wie die Läufer auch bei Wind und Wetter unterwegs sind.

Wer es nicht ganz so sportlich mag und dennoch die Hansestadt von der Wasserseite erkunden möchte, kann sich an vielen Stellen ein Ruderboot leihen. Es ist vor allem bei schönem Sommerwetter ein beeindruckendes Erlebnis, den herrlichen Rondeelteich, den villengesäumten Leinpfad, den idyllischen Goldbek-Kanal oder den prächtigen Stadtparksee zu durchfahren. Es gibt viele gute Bootsverleiher in Hamburg, doch der Goldfisch-Bootsverleih am Isekai scheint uns der beste. An dieser wunderschönen Anlegestelle bekommt man keine Massenabfertigung, sondern ein gut gepflegtes Boot, kalte Getränke, eine Schwimmweste sowie (unbedingt notwendig) eine Karte, und los geht´s.

Isekai 1
Telefon 040-41357575
U3 Eppendorfer Baum

Russische Kirche

Eine Russisch-Orthodoxe Kirche in Hamburg gibt es seit dem 1. Januar 1902. Damals erwarb die Orthodoxe Kirche ein Haus im Böhmersweg 4 in Rotherbaum, und in der oberen Etage entstand die „Kirche des Heiligen Nikolaus von Myra". Diese Kirche existierte bis 1990, dann wurde das Haus verkauft und die Kapelle aufgegeben. Aber die Gläubigen hatten schon nach dem Zweiten Weltkrieg vom britischen Hochkommissar ein Trümmergrundstück zwischen Mittelweg und Harvestehuder Weg zugeteilt bekommen. Als das Grundstück für den Bau eines Gymnasiums genutzt werden sollte, erhielt die Gemeinde zum Ausgleich von der Stadt ein Grundstück an der Hagenbeckstraße in Stellingen, und die großzügige Spendenbereitschaft vieler Hamburger ermöglichte von 1961 bis 1965 den Bau einer neuen Kirche in rein russischem Stil. Nach Plänen von Alexander von Nürnberg entstanden die Kreuzkuppelkirche und die Neubauten. Der Zentralbau ist mit den typisch russischen Zwiebeltürmen und einem Glockengiebel versehen. Geweiht wurde die Kirche 1965 als „Russisch-Ortho-

doxe Kirche im Ausland des Heiligen Prokop". Der Heilige Prokop war ein hanseatischer Kaufmann gewesen, der mit Nowgorod handelte, später den orthodoxen Glauben annahm und 1303 als heiliger Eremit und „prophetische Existenz" im nordrussischen Ustjug starb.

Der Kirchenraum ist nach den überlieferten Regeln als symbolischer Kosmos mit dem Pantokrator („Allherrscher"), dem auferstandenen Jesus Christus, als Schlussstein der Kuppel konzipiert, in der die Engel dem Dreieinen Gott die Himmlische Liturgie darbringen. Das weitere Bildprogramm zeigt die Heilsgeschichte des Mensch gewordenen Gottes und der russischen Heiligen, die den Kirchenbesuchern die Gottesebenbildlichkeit jedes Menschen vor Augen führen sollen. Gegenüber der Nordtür, die sich auf die Szene der „Taufe Russlands" durch die hl. Großfürstin Olga hin öffnet, befinden sich Szenen aus dem Leben des Heiligen Prokop.

Hagenbeckstraße 10
Telefon 040-406060
U2 Lutterothstraße
Gottesdienst: So 10

Schimmelmann-Mausoleum

Heinrich Carl Schimmelmann (1724-1782) wurde durch den berühmten „Atlantischen Dreieckshandel" (Waffen, Tuch und Tand nach Westafrika, von dort Sklaven nach Amerika, von dort Zucker, Rum und Baumwolle nach Europa) steinreich und 1779 vom dänischen König in den Grafenstand erhoben. Angeblich soll er zu seiner Zeit der reichste Mann Europas gewesen sein. Er hat jedenfalls die Entwicklung Wandsbeks vom kleinen Dorf zur Industrie-Vorstadt Hamburgs in Gang gebracht.

Testamentarisch verfügte Schimmelmann, dass nach seinem Tode eine Grabkapelle für ihn erbaut werden sollte. Von 1787 bis 1791 wurde sie durch Carl Gottlieb Horn nach dem vereinfachten Plan des italienischen Architekten Giovanni Antonio Antolini (1753-1841) im klassizistischen Still erbaut. Aus dem Kubus tritt ein Zylinder mit flachem Kuppeldach heraus, innen steht eine Pendentifkuppel auf vier dorischen Säulen. Horn war auch der Baumeister für das neue Wandsbeker Schloss, das Schimmelmann – wiederum nach Plänen Antolinis - zwischen 1772 und 1778 auf dem Fundament der alten Wandesburg von 1564 neu erbauen ließ. Hier im Mausoleum, das auf einem kleinen historischen Friedhof neben der Christuskirche gelegen ist, sind die Mitglieder der Familie bestattet. In schwarzen Marmorsärgen eingebettet liegen Heinrich Carl Schimmelmann und seine Frau Caroline, geborene Tugendreich. Dieses Mausoleum zählt zu den Hauptwerken des Klassizismus in Norddeutschland, aber es ist eigentlich eine einfache und schlichte Begräbnisstätte, die allein durch ihre Existenz an diesem Ort etwas Bedeutendes hat. Im Wandsbeker Gehölz steht ein Denkmal für den Dichter Matthias Claudius (1740-1815), der in Wandsbek lebte und 1771-75 im Auftrag des Grafen Schimmelmann den „Wandsbeker Bothen" herausbrachte, die erste deutsche Volkszeitung. Auf dem Friedhof der Wandsbeker Christuskirche liegen der Hamburger Buchhändler Friedrich Christoph Perthes (1772-1843) und Friedrich Philipp Victor vom Moltke (1768-1845), der Vater des Feldmarschalls Helmuth von Moltke – eine berühmte Nachbarschaft in einem generell unterschätzten Stadtteil.

Wandsbeker Allee
Telefon 040-652000
U1 Wandsbek Markt
Nach Anmeldung im Gemeindehaus der Christuskirche

Schröderstift

Das Schröderstift wurde 1851/52 vom Hamburger Kaufmann Johann Heinrich Schröder (1784-1883) gestiftet, der sein Geld mit dem Handel von Zucker, Baumwolle und dem Farbstoff Indigo über London bis nach Sankt Petersburg verdiente. Seine Stiftung hatte er mit einer Million Mark ausgestattet, einer damals sagenhaften Summe. Das durch den Architekten Albert Rosengarten errichtete Gebäude war als Stift für bedürftige Frauen „höheren Standes" vorgesehen und daher vergleichsweise großzügig angelegt. Die dreiflügelige Anlage aus Backstein ist um einen „Ehrenhof" herum angelegt, das Zentrum bildet eine Kapelle, die byzanti-

nischen Vorbildern, wie Schröder sie in Russland kennen gelernt hatte, nachempfunden ist. 1894-1896 wurde die Anlage als Stiftergrablege nach Plänen von Albert Petersen erweitert und prächtig ausgestattet. Bereits seit 1858 trägt die vorbeiführende Straße den Namen Schröderstiftstraße. Das Stift selbst, heute eine Altenwohnanlage für bedürftige Rentner, zog 1971 an einen neuen Standort in Hamburg-Langenhorn, das Gebäude wurde von der stadteigenen SAGA dem Hamburger Studentenwerk überlassen, das dort bis 1979 an Studenten vermietete. Als das Stift 1980 abgerissen werden sollte, gelang es den Bewohnern, das Gebäude in eine Selbstverwaltung zu überführen, in der es sich auch heute noch befindet. Die alte Kapelle des Stifts im byzantinischen Stil dient heute der koptisch-orthodoxen Gemeinde als Kirche. Auf einer Marmortafel im Zentrum der Anlage steht der Spruch „Emolumento publico" – dieser Wahlspruch, der auch der Wahlspruch der Patriotischen Gesellschaft ist, bedeutet „Zum Nutzen der Öffentlichkeit".

Schröderstiftstraße 34
U3 Schlump

Schweinesand

Früher gab es unzählige Elbinseln, seit wohl im 13. Jahrhundert bei einer Sturmflut die damals große Insel Grieswerder an vielen Stellen brach. Seitdem gibt es die Elbinseln wie Finkenwerder, Altenwerder, Stillhorn, Köhlbrand oder Kalthofe. Heute allerdings merkt man davon nicht mehr viel, weil das Gebiet völlig überbaut ist. Im Gegensatz zu den meisten anderen Elbinseln blieb Schweinesand – wie auch ihre Nachbarinseln Neßsand und Krautsand – weitestgehend unbewohnt. Um Schweinesand herum entstand schon früh ein gern besuchter Badestrand, der von Blankenese aus mit drei Barkassen-Fähren erreicht werden konnte: Der Fährbetrieb Helms fuhr ab der Stelle, wo heute der Leuchtturm steht, Breckwoldt vom Strandhotel aus, und ein Dritter startete unterhalb von Baurs Park nach Schweinesand. Auf der Insel herrschte reger Badebetrieb, und es gab sogar eine Nacktbadestelle, „Nacke-Dunien" genannt. Außerdem war die Insel ein beliebtes Segelgebiet, auch weil sie so malerisch abgeschieden, aber für Segler aus Hamburg leicht erreichbar war. Als nach der Sturmflut 1962 die Alte Süderelbe zum Mühlenberger Loch hin abgedämmt wurde, konnte nur noch die Hahnöfer Nebenelbe das Gebiet bewässern, was eine extreme Versandung zur

Folge hatte und wodurch auch das Este-Fahrwasser stark verflachte. 1967/1968 wurden die beiden Inseln Hanskalbsand und Neßsand durch einen Spüldamm verbunden. Die entstandene Insel erhielt somit die Funktion eines Leitwerkes. Weitere Aufspülungen auf den Sänden folgten bis zur Höhe von 3,50 Meter über Normalnull.

Die mittlerweile zu einem Verbund aufgeschütteten und aufgespülten Elbinseln Neßsand, Hanskalbsand, Schweinesand und Pagensand sind heute Eigentum des Bundes. Die Hamburger nutzen zu Fuß und mit dem Fahrrad gerne die Fährverbindung von Blankenese nach Cranz, um auf die andere Seite zu gelangen; von dort kann man gut auf den Deichen spazieren gehen und die großartige Perspektive auf das nördliche Elbufer genießen.

nur mit Segel- oder Paddelbooten zu erreichen.

Seemannskirchen

Zwischen Michel und Landungsbrücken stehen mitten im Hamburger Portugiesenviertel vier Sakralbauten in der Ditmar-Koel-Straße, die seit 1902 den Namen eines Hamburger Bürgermeisters aus dem 16. Jahrhundert trägt. Hier haben vier skandinavische Länder für ihre Seefahrer Kirchen errichtet, die „Seemannskirchen" genannt werden.

Die erste Kirche, vom Hafen kommend, ist die schwedische Gustaf-Adolf-Kirche. Sie wurde 1907 als Kirche für zunächst alle skandinavischen Seeleute gebaut. Neben dem Kirchensaal enthält das Gebäude auch Aufenthaltsräume und das Pastorat. Sie ist übrigens die älteste erhaltene Seemannskirche in Hamburg. Weil das Haus mit seinem Turm ein wichtiger Teil der Hamburger Skyline ist, und weil es eines der wenigen Gebäude im Hafen ist, das im Zweiten Weltkrieg nicht zerstört wurde, steht es unter Denkmalschutz. Der offizielle Name der finnischen Seemannskirche lautet Finnische Evangelisch-lutherische Seemannsmission. Die finnische Mission arbeitet bereits seit 1901 in Hamburg. Die Kirche wurde 1965-66 nach Entwurf des Finnen Pentti Ahola in Zusammenarbeit mit dem Hamburger Architekten Dieter Langmaack errichtet. Der Komplex mit Kirche, Veranstal-

tungsräumen und Wohnungen ist ein Beispiel der einflussreichen finnischen Baukunst, hier findet auch der bekannte jährliche skandinavische Weihnachtsbasar statt. Das Besondere sind die zwei Saunen, die von Dienstag bis Samstag für die Öffentlichkeit geöffnet sind. Außerdem gibt es hier einen „Finnshop", in dem man karelische Piroggen oder finnisches Hefegebäck kaufen kann. Seit 1875 existiert auch die dänische Seemannsmission in Hamburg. Eine eigene Kirche bekam sie allerdings erst nach dem Zweiten Weltkrieg. Die dänische Seemannskirche ist heute nicht nur Kirche und Anlaufstelle der Seeleute, sie ist auch für die fast 5.000 Dänen in Hamburg ein beliebter Treffpunkt.

Die Geschichte der Norwegischen Seemannskirche in Hamburg begann 1907, als ein norwegischer Seemannspastor seine Arbeit unter norwegischen Seeleuten aufnahm. Die Arbeit wurde allmählich mehr, und 1936 bekam die Gemeinde ihre Kirche am Johannisbollwerk. Diese Kirche wurde aber durch die Luftangriffe am Karfreitag 1945 zerstört. In den folgenden Jahren hatte die Gemeinde verschiedene Aufenthaltsorte, bis die neue Seemannskirche 1959 errichtet wurde. Sie wurde von dem norwegischen Architekten Harald Hille entworfen und ist mit einem beeindruckenden Glasgemälde als Altarwand ausgestattet. Die Seemannskirche betreut heute die Kolonie von etwa

750 Norwegern in Hamburg und rund 550 Schiffe im Jahr mit norwegischer Besatzung. Hier in der Seemannskirche kann man norwegische Zeitungen lesen und heimatliche Fernsehsender gucken.

> Ditmar-Koel-Straße
> 36 (Schweden)
> 6 (Finnland)
> 4 (Norwegen)
> 2 (Dänemark)
> U3 Baumwall

Seemannsschule

Hamburg ohne Seemannsschule ist wie ein Terminal ohne Container. Aber doch: 1984 stellte die Stadt Hamburg den Lehrbetrieb ein. Die Seemannsschule war 1862 mit Unterstützung prominenter Reeder wie Johann César Godeffroy, Ferdinand Laeisz, Albrecht Percy O´Swald und Robert M. Sloman in Steinwerder gegründet worden. Die Schüler waren zwischen 13 und 17 Jahre alt. Später zog die Seemannsschule häufig um, so war sie unter anderem in Waltershof und 1913 Finkenwerder, später sogar in Wismar, bis sie 1953 wieder nach Hamburg kam und eine neue Heimat in einer Villa am Falkensteiner Ufer in Blankenese fand. Nach einigem Wachstum und einer Erweiterung nach Finkenwerder wurde 1984 der Schulbetrieb aufgegeben. Doch seit kurzem können Kapitäne, Lotsen und nautische Schiffsingenieure wieder ihre Ausbildung in der wichtigsten Hafenstadt Europas genießen. Denn seit Februar 2009 gibt es das „Marine Training Center" (MTC), das über einen hervorragenden Schiffs-Simulator verfügt. Teilhaber des neuen Ausbildungszentrums sind die Reederei Rickmers, Orion und Marlow Navigation, außerdem MAN, der Germanische Lloyd, die Elbelotsen, der Hafen Hamburg sowie weitere private Investoren. Das Ausbildungszentrum sich in Stellingen, hier wurde eine Originalmaschine im Maßstab 1:1 aufgebaut. 2010 soll ein zweites Gebäude in der Nähe der Elbe bezogen werden, wo ebenfalls ein Simulator stehen soll. Dieser wird dann auch der Öffentlichkeit zugänglich sein. Auch Veranstaltungen können hier stattfinden. Sonntags kann dann der Laie mal die Queen Mary II mit dem 360-Grad-Schiffssimulator von 14 Metern Durchmesser an den Landungsbrücken festmachen – virtuell. Der Spaß ist natürlich nicht ganz billig, und man sollte sich lange im Voraus beim Marine Training Center anmelden.

> **Behringstraße 120**
> **Telefon 040-88252914**

SeHHafen

Es ist schon fast 20 Jahre her, da hatten Jan Peters und Christine Röthig den Gedanken, in der Hafenstadt Hamburg müsste es doch, wie in Amsterdam oder in London, möglich sein, eine Hausboot-Kultur zu etablieren. Bei der Stadtverwaltung stießen sie zunächst auf taube Ohren – zu schwierig, nicht genehmigungsfähig, und was den Beamten sonst noch alles einfiel. Aber die beiden ließen sich nicht entmutigen und legten mit ihrem historischen Hausboot an der Bille an. Fünf Jahre lang suchten sie, kämpften um Genehmigungen und klapperten 36 Liegeplätze ab. Und weil sie sich ökologisch korrekt verhielten und weil ihr Schiff früher auch schon an der Bille gelegen hatte, wurde ihnen das Anlegen schließlich erlaubt. Nach dem Krieg gab es wohl insgesamt rund 600 Hausboote auf Hamburgs Gewässern – die meisten lagen im Hafen und in der Bille. Seit dem Jahr 1994 haben Peters und Röthig die letzten 14 „Hafenlieger", wie die schwimmenden Werkhäuser in Hamburg heißen, gerettet, renoviert, und vermieten sie jetzt im Liegermuseum „SeHHafen", einem Areal mitten im Hamburger Hafen. Dort sind so schwimmend 3000 qm Veranstaltungfläche, neudeutsch „Eventlocation", entstanden, die unter anderem der Spiegel, IKEA und Polydor genutzt haben. Im Zentrum haben sie auf einem Ponton den „Ponton Park 1" errichtet, Prototyp schwimmender Gärten.

Berliner Ufer, Wassertreppe 14
Telefon 040-216059
S3, S31 Veddel

Stadtpark

An der Hindenburgstraße steht noch das alte Forsthaus. Denn der heutige Stadtpark in Winterhude war früher der Privatwald von Adolph Sierich (1826-1889), der die Erwerbungen seines Vaters, des Goldschmieds Johann Friedrich Sierich, der ab 1838 Land in Winterhude gekauft hatte, an die Stadt verkaufte. Um 1880 hatte Adolph Sierich mit der Aufforstung von Ackergelände mit Eichen, Birken und Fichten begonnen, weil er ein eigenes Jagdrevier schaffen wollte. Es gab darin Wege und einen hölzernen Aussichtsturm, 1885 baute er für den Förster das Forsthaus. Gegen Eintrittsgeld durften Bürger in seinem Wald spazieren gehen. Zur Anlage eines öffentlichen Parks kaufte die Stadt Hamburg ab 1902 das „Sierichsche Gehölz". Einige Jahre wurde um die Gestalt des Stadtparks öffentlich diskutiert, und erst durch den Amtsantritt von Fritz Schumacher als Leiter des Hochbauamts im Jahre 1909 kam Schwung in die Entwicklung. Seit 1911 wurde der heute 148 Hektar große Park nach Plänen Schumachers angelegt. Heute gilt er als bedeutendes Beispiel für die Wandlung des deutschen Garten- und Landschaftsbaues vom Volksgarten zum Volkspark. Er ist ein beliebter Freizeitort für Hamburger aller Schichten und Hautfarben, an schönen Wochenenden sind hier schon mal mehr als 200.000 Menschen unterwegs. Hier kann man baden, Fußball spielen, grillen, lesen oder einfach nur entspannen. Es gibt auch Kunst im Stadtpark, darunter war früher auch das von Hugo Lederer geschaffene Heinrich Heine-Denkmal, das die Nazis aber 1933 zerstörten. Zu den markantesten Gebäuden zählt zweifelsohne der Wasserturm, der seit 1930 als Planetarium dient. Bekannt ist auch die Open-Air-Bühne im Osten des Stadtparks und das Café Sommerterrassen, das der Autor Frank Schulz in seinen Hamburg-Romanen zum schönsten Platz Hamburgs erklärt. Ralph Giordano hat in seinem Roman „Die Bertinis" dem Kinderplanschbecken mit seinem Panther aus Stein ein literarisches Denkmal gesetzt. Der Stadtparksee ist bei Ruderern sehr beliebt, und gleich nebenan gibt es ein beliebtes Naturwasser-Freibad.

**westlich und östlich
der Hindenburgstraße
U3 Borgweg, Saarlandstraße**

Sternwarte Bergedorf

Hamburg war eine der ersten Städte Europas, die über eine Sternwarte verfügte. Sie entstand 1802 auf der Albertusbastion am Millerntor und ging zurück auf die Initiative des Feinmechanikers und späteren Wassertechnikers Johann Georg Repsold (1770-1830). Seine Aufgabe war zu jener Zeit eigentlich die des städtischen „Spritzenmeisters", der für die Feuerwehr und die Wartung der Leuchttürme zuständig war. Doch seine größte Leistung war, die Genauigkeit des Meridiankreises sehr verbessert zu haben. Nachdem während der napoleonischen Besatzung die erste Sternwarte abgerissen worden war, schlug Repsold 1812 den Bau einer zweiten vor. Klugerweise verband er diesen Vorschlag mit der Notwendigkeit des Baus einer Navigationsschule. Trotzdem stimmte der Senat erst 1824 zu, unter der Bedingung, dass Repsold die Sternwarte kostenlos mit Linsen ausrüsten sollte. Sie wurde 1826 auf der Henricusbastion am Millerntor gebaut.

Die Hauptaufgabe der Sternwarte lag neben der astronomischen Beobachtung und der Astrometrie in der exakten Bestimmung der Zeit. Diese wurde mittels eines Meridianfernrohrs bestimmt. Die Uhrenanlage der Sternwarte steuerte mehrere Normaluhren, später den

Zeitball des Hamburger Hafens sowie die telefonische Zeitansage. Als der Standort im Stadtzentrum Ende des 19. Jahrhunderts durch zunehmende Luft- und Lichtverschmutzung stark beeinträchtigt wurde, verlegte die Stadt die Sternwarte an den neuen Standort, den Gojenberg in Bergedorf. An der alten Stelle wurde das Museum für Hamburgische Geschichte errichtet. 1912 wurde die neue Sternwarte eingeweiht. Heute beherbergt sie eine der wichtigsten astronomischen Bibliotheken. 1996 wurde die Sternwarte unter Denkmalschutz gestellt, 1999 wurde sie mit Hilfe eines Fördervereins renoviert. Sie ist die größte Sternwarte Deutschlands. Unbedingt einen Abstecher wert ist auch das Planetarium im Hamburger Stadtpark, eines der dienstältesten „Sternentheater" der Welt.

Gojenbergsweg 112
Telefon 040-428914112
S2, S21 Bergedorf
dann Bus 335 Sternwarte

Strand Steinwerder

Den Strand mit der wohl schönsten Aussicht auf Hamburg gibt es in Steinwerder. Neben dem Musical-Zelt ist Sand aufgeschüttet worden, wo man einen wunderschönen Abend voller Hamburg-Feeling erleben kann. An der Mündung des Fährkanals in die Norderelbe gibt es dieses kleine Fleckchen Sand, das noch nicht völlig von Touristen überlaufen ist. Früher war hier das Gelände der ebenso bekannten wie traditionsreichen Stülcken-Werft, die 1840 gegründet und 1966 von Blohm & Voss aufgekauft wurde. 1990 wurde hier ein privates Musical-Theater errichtet, in dem zur Zeit „Der König der Löwen" aufgeführt wird.

Die Strände haben in Steinwerder eine ziemlich lange Tradition: Der Stadtteil wurde zwar selbst erst 1842 mit Steinen aus den Trümmern vom Großen Brand aufgeschüttet, aber schon 1850 gab es hier eine Reihe privater Badeplätze. 1864 richtete die Stadt Hamburg das „Wilhelminenbad" ein, eine Herrenbadeanstalt am Elbufer, die 1875 noch erweitert wurde und die 1900 sage und schreibe 357.400 Besucher hatte. Mit Bretterwänden wurde hier ein Stück vom Strand abgesperrt, der bei Flut nur noch zehn Meter breit war. Umkleidekabinen und Sanitärräume aus Holz bildeten auf Pontons mehrere rechteckige Becken. Gegen Sog und Schwell vorbeifahrender Schiffe wurde die Badeanstalt durch zusätzliche Mauern geschützt. Das Wilhelminenbad lag später genau über dem 1911 eingeweihten Alten Elbtunnel. Bis zum Jahre 1912 gab es außerdem im Fährgraben die „Heinesche Frauenbadeanstalt", denn immerhin wohnten damals in Steinwerder über 4.000 Menschen. Heute wohnen hier gerade einmal 50 Menschen, darum ist es auch nicht weiter schlimm, dass der Strand in Steinwerder zwar der schönste, aber auch der kleinste Strand Hamburgs ist. Baden ist hier nicht zu empfehlen, denn hinter jeder Ecke schießen doch irgendwelche Hafenbarkassen hervor – von den großen Pötten ganz zu schweigen. Obwohl´s ja wirklich nicht weit wäre, mal eben zu den Landungsbrücken zu schwimmen.

Am Fährkanal
Hafenfähre 73
immer offen

Strand Wittenbergen

Im Gegensatz zum schmalen Strand in Steinwerder ist der Wittenberger Strand der breiteste Sandstrand Hamburgs. Weil der Platz an sonnigen Tagen sehr beliebt ist, aber relativ weit von Hamburg entfernt liegt und es hier nur wenige Parkplätze gibt, ist es im Sommer ratsam, mit dem Fahrrad anzureisen. Das hat den Vorteil, dass man schon ab Oevelgönne den schönen Elbwanderweg mit dem unvergleichlichen Panorama entlangradeln kann, was einen auch schon in Urlaubsstimmung versetzt. Für viele Hamburger ist dieser Strand einer der schönsten Plätze der Stadt. Ein wunderbarer Ort, um faul im Sand zu liegen und die vorbeifahrenden Schiffe zu beobachten, zum Picknicken oder lesen. Außerdem kann man hier ausgedehnte Spaziergänge machen, was naturgemäß im Herbst oder Winter ganz besonders reizvoll ist. Man könnte freilich auch in das Naturschutzgebiet Wittenberger Heide ausweichen, wenn

es am Strand zu voll ist; dies ist eine der wenigen erhaltenen Heideflächen in Hamburg.

Der Strand in Wittenbergen wurde von den meisten Hamburgern erst entdeckt, als die Vorortbahn nach Rissen fertiggestellt war. In den 1920er Jahren war das Freibad Wittenbergen angeblich die „Badewanne" Hamburgs, und an schönen Tagen kamen 3.000 bis 5.000 Besucher an die weiten Strände. Das weiß man so genau, weil es damals noch ein Kurhaus am Strand gab, und der Eintritt Geld kostete. Weil das Flussbaden an anderen Stellen streng verboten wurde, war der Badebetrieb hier wohl eine Goldgrube. Man konnte nicht nur baden, sondern auch in Badebekleidung nach Musik tanzen oder in ein Casino gehen, außerdem gab es eine Schießbude und ein Kettenkarussell – eine Art frühes Erlebnisbad. Aus der Zeit, als man hier auch noch übernachten konnte, stammt auch der heutige legendäre Zeltplatz. Auch den Hunden macht das Umhertollen hier am Strand großen Spaß, und wer hier mit Kindern herkommt, braucht manchmal ganz schön gute Nerven.

Falkensteiner Ufer 101
Telefon Campingplatz 040-812947
Bus 286 bis Falkenstein, dann 10 Min. Fußweg bis zum Strand

Strandperle

Wer nicht in der Strandperle war, war auch nicht in Hamburg. So einfach, so typisch und so beeindruckend ist die unkomplizierte Art, mit der an diesem Kiosk seit 1970 Bier und Imbiss konsumiert werden – ohne Ansehen von Rang und Person. Bei Wind und Wetter pilgern die Hamburger an die Elbe, um den vorbeiziehenden Elbkähnen hinterherzusehen oder dem nimmermüden Wummern auf den Containerterminals zu lauschen. Bis spät abends kann man hier im Sommer den arbeitsreichen Tag ausklingen lassen, und an schönen Wochenenden ist der Strand so voll, dass man am Kiosk wohl eine halbe Stunde anstehen muss, um den Klassiker zu bekommen: eine Bockwurst und ein Astra. Seit der Übernahme des Kiosks durch Julia Tötzke und Hannes Nöllenheidt kann man auch auf dem „Oberdeck" gepflegt essen, an einem langen Tisch für 18 Personen, den sensationellen Ausblick natürlich inklusive. Übrigens befand sich an dieser Stelle schon um 1910 die Altonaer Milchhalle, an der man – in langen Badekleidern – einen Becher Milch trinken und ein Bad in der Elbe nehmen konnte. Nach dem Zweiten Weltkrieg eröffneten Max und Eva Lührs an dieser Stelle die „Lührs Gaststätte", in der man im Winter auch Boote lagern konn-

Teehaus

Dieser Nachbau eines Original-Teehauses aus Shanghai beeindruckt schon durch seine Dimensionen. Und durch die Aufschrift an einem Nebeneingang: Shanghai Business Development. Angeblich wurden sogar chinesische Bauarbeiter eingeflogen, um alles so authentisch wie möglich herzurichten. Für Hamburg jedenfalls ist ein Teehaus in diesen Ausmaßen eine Sensation, und nicht nur, weil an dieser Stelle der Tee in dieser Kaffeestadt tatsächlich sehr gut schmeckt. Das Teehaus heißt Yu Yuan, was übersetzt „Garten des Frohsinns" bedeutet. Das Ensemble aus Teehaus, Bistro, Restaurant und chinesischem Garten ist eine Kopie des wohl berühmtesten chinesischen Teehauses, des Huxinting in Shanghai. Als Zeichen der Städtepartnerschaft hat Shanghai dieses „Hamburg-Shanghai-Tourismus-und-Kulturzentrum" erbaut, und der chinesischen Seite war es wichtig zu betonen, dass Hamburg eine ganz besondere Stellung unter den vielen Partnerstädten Shanghais hat. Spannend, diese neue Kombination von Tourismus und Kultur! Immerhin hat Hamburg den Chinesen ein überaus vorzeigbares Grundstück überlassen, in bester Innenstadt- und Villenlage, direkt hinter dem Völkerkundemuseum. Immerhin auch haben die Chine-

te. Und als Lührs aus Altersgründen einen Nachfolger suchten, fanden sie in Bernt Seyfert, der hier immer ein Boot liegen hatte, einen geeigneten Kandidaten. Er gründete die „Strandperle", ein Name, der heute in Hamburg Kultcharakter hat. Damals tranken hier nur Bootsbesitzer, Lotsen und Rentner ihr Bier und spielten Mundharmonika, aber im Laufe der Zeit entwickelte sich die Strandperle zu einem „Paradies für Jedermann".

Am Schulberg
Telefon 040-8801112
HVV-Fähre bis Neumühlen
im Sommer tägl. 11-23

sen vor, das Hamburger Teehaus zu einem Ort der kulturellen Begegnung zu machen, mit Vorträgen zur chinesischen Philosophie, Kunst und Medizin sowie Koch- und Kalligrafiekursen. Aber auch Tagungen können hier durchgeführt werden; und da hat die Wirtschaft wieder ihre Finger im Spiel. Das ist sicher nicht zu vermeiden in einer Handelsstadt wie Hamburg. Aber man kann im Teehaus auch ganz in Ruhe die Steine, den Teich und die Pflanzen betrachten und damit das tun, was man China gerne tut, denn der Garten soll meditative Wirkung haben. Und die Tiere darin haben auch eine eigene Bedeutung, aber da fragen Sie besser jemanden, der sich damit auskennt.

Feldbrunnenstraße 68
Telefon 040-416226999
U1 Hallerstraße
Bistro 11-20
Restaurant 12-15 und 18-22

Theaterkantine im Schauspielhaus

Theaterluft schnuppern kann man hier prima, preiswert essen auch. Längst ist dies nicht mehr nur Verpflegungsort für die Schauspieler, sondern auch für Szenegänger, die vielleicht gar nicht die Vorstellung besuchen wollen, stattdessen lieber an einem coolen Ort abhängen. Oder auch für die Bewohner St. Georgs, die preiswert Mittag essen wollen oder für Berufstätige aus der Innenstadt. Das historische Kellergeschoss nimmt sie alle auf. Das ist übrigens in vielen Hamburger Theatern so: Im Thalia gibt es das Nachtasyl, auf Kampnagel das Casino, neben dem Monsuntheater die Cantina. Die Muse isst mit, die Hamburger haben die Theaterkantinen und -bars entdeckt: Hier wird ganz ohne Eintrittskarte gespielt, und manchmal sogar besser als auf der Bühne nebenan.

Das Schauspielhaus ist das größte deutsche Theater. Es wurde im Jahr 1900 eröffnet und hat Büsten von Kleist, Lessing, Schiller und Goethe an seiner Fassade. Seinen künstlerischen Höhepunkt hatte es unter der Intendanz von Gustaf Gründgens zwischen 1955 und 1963. Auch die Leitungen von Ivan Nagel, Claus Peymann, Luc Bondy, Peter Zadek und Frank Baumbauer sind legendär. Und hier unten sitzen sie, die Elisabeth Flickenschildts und Ulrich Wildgrubers der Zukunft. Und auch die Veranstaltungen im Theaterkeller sind durchweg sehenswert – ob Lesung, Schauspiel oder Performance.

Kirchenallee 39
Telefon 040-24871273
Hauptbahnhof
mittags 11.15-15

Trostbrücke

Die Trostbrücke war früher der absolute Mittelpunkt der Stadt, hier am Nikolaifleet waren Hafen, Waage, Rathaus und – ab 1588 – die erste Börse Deutschlands. Die Trostbrücke mit ihrem 15 Meter breiten Segmentbogen bildete die Verbindung von Altstadt und Neustadt. Die Brücke erhielt ihren Namen vermutlich von einem Grundbesitzer namens Trost, ihre erste Erwähnung war im Jahre 1266 als „pons trostes". Franz Andreas Meyer (1837-1901), der leitende Hamburger Bauingenieur, entwarf diese moderne Brücke 1883 mit für ihn typischen Mischungen von Backsteinflächen und Natursteingliederungen. Die beiden Skulpturen, die vom Bildhauer Engelbert Pfeiffer gestaltet wurden, stellen Erzbischof Ansgar (um 796-865), den „Missionar des Nordens" dar und Graf Adolf III. von Schauenburg (1160-1229), der 1189 der Stadt Hamburg die entscheidenden Privilegien für ihre rasante wirtschaftliche Entwicklung verliehen hatte, nämlich das Stapelrecht und das des Fischfangs auf der Unterelbe. Damit stehen sich zwei wesentliche Repräsentanten als Symbole für die bischöfliche Altstadt und die weltliche Neustadt gegenüber. An der Mauer des Globushofes ist eine Erinnerungstafel angebracht, auf der man die Geschichte der Trostbrücke noch einmal nachlesen kann.

Trostbrücke
U3 Rathaus

Wallanlagen

Für die Hamburger sind die Wallanlagen ein kleines grünes Paradies mitten in der Stadt. Errichtet wurden sie zwischen 1616 und 1625 vom niederländischen Festungsbauer Johan van Valckenburgh (1575-1625). Es hatte zwar im Mittelalter in Hamburg schon ein paar Befestigungswälle (Heidenwall, Alter und Neuer Wall) gegeben, aber diese Befestigungsanlagen passten nicht mehr zum Wachstum der aufstrebenden Handelsstadt. Wegen des ständig schwelenden Konflikts

mit Dänemark hielt man zudem eine massivere Befestigung für notwendig. Auf die Gründung von Glückstadt zur Kontrolle der Niederelbe durch den dänischen König reagierten die Hamburger mit dem Bau neuer Befestigungsanlagen. Diese Befestigungen wurden nach niederländischem Vorbild aus Erde errichtet und mit einem breiten Wassergraben umgeben. Die Hamburger Bevölkerung wurde dazu verpflichtet, sich am Bau zu beteiligen. Die Wallanlagen wurden mit insgesamt 22 Bastionen versehen. Vervollständigt wurden die Wallanlagen durch ein Glacis, also eine Erdaufschüttung rund um die Stadt. Die Befestigungen wurden mit 300 Kanonen bestückt. Die Wallanlagen zahlten sich sehr schnell aus, denn während des Dreißigjährigen Krieges war Hamburg eine der wenigen deutschen Städte, die unversehrt blieben. Nach dem Ende des Heiligen Römischen Reiches Deutscher Nation beschlossen die Hamburger 1804, die Wallanlagen in einen Park umzuwandeln, was nach der französischen Besatzungszeit ab 1814 fortgesetzt wurde. Heute sind die ehemaligen Wallanlagen unterteilt in die Großen Wallanlagen, die Kleinen Wallanlagen und den Alten Botanischen Garten – seit 1986 heißt die gesamte Anlage „Planten un Blomen". Anlässlich der Internationalen Gartenbauausstellung 1963 wurden die einzelnen

Parkteile durch Straßenbrücken zu einem durchgehenden Park zusammengeführt. Von den 22 Bastionen ist lediglich die Rudolphusbastion teilweise erhalten geblieben. Zwischen Dammtor- und Hauptbahnhof nutzen die Fernbahngleise die alten Festungsanlagen. Heute bieten die Wallanlagen eine große Fülle von Freizeitmöglichkeiten. Im Park Planten un Blomen war früher ein Tiergarten, geleitet vom berühmten Zoologen Alfred Brehm, der hier sein „Tierleben" schrieb. Im Parksee gibt es berühmte Wasserspiele. Im Alten Botanischen Garten sind die Schaugewächshäuser der Universität untergebracht. In den Großen Wallanlagen ist der große Spielplatz bei Hamburger Kindern besonders beliebt, bei Erwachsenen die Kunsteisbahn im Winter und im ganzen Jahr das Museum für Hamburgische Geschichte.

Planten un Blomen
Telefon 040-428232125
Wallanlagen
Telefon 040-428232157
Dammtorbahnhof,
U1 Stephansplatz,
U2 Messehallen,
U3 St. Pauli
Mai-Sep 7-23
Okt-Apr 7-20

Warburg-Bibliothek

Am Anfang war der Tausch: Aby M. Warburg (1866-1929), der älteste Sohn des Hamburger Privatbankiers Moritz M. Warburg (1838-1910), tauschte sein Erstgeborenenrecht mit seinem Bruder Max M. Warburg (1867-1946) gegen die Erlaubnis, stets jedes Buch kaufen zu können. Diese Verabredung unter Brüdern war der Grundstein für die Bibliothek, die der bedeutende Kunst- und Kulturwissenschaftler 1925/26 in der Heilwigstraße anlegte – direkt neben seinem Wohnhaus in Nr. 114, in dem er von 1909 bis zu seinem Tode lebte. Warburgs Forschungsinteresse galt den Nachwirkungen der Antike in der Kunst. Seine „Kulturwissenschaftliche Bibliothek" wurde ein Zentrum des geistigen Lebens im Hamburg vor dem Zweiten Weltkrieg. Warburg war eine intellektuelle Koryphäe, und Bücher waren für ihn ein Kompendium des universalen Wissens der Menschheit, daher mussten sie den Menschen öffentlich zugänglich gemacht werden. Die Bibliothek wandelte sich durch die Zusammenarbeit mit der Universität Hamburg in eine öffentliche Institution; die kargen Bestände der neu gegründeten Universität erfuhren durch Warburgs Bücher eine große Bereicherung. 1933 konnte die Aby Warburg-Bibliothek gerade noch rechtzeitig vor den Nationalsozialisten

nach London gebracht werden, wo die 60.000 Bücher in 531 Kisten den Grundstock des renommierten „Warburg Institute" bildeten.

Das Gebäude der Bibliothek war eines der ersten Bauten des Architekten Gerhard Langmaack. Langmaack verband Warburgs Wohnhaus mit der Bibliothek, deren Mittelflur durch den Verwaltungs- und Magazinbau zum berühmten querovalen Lese- und Vortragssaal führt, in dem die bedeutenden „Vorträge der Bibliothek Warburg" stattfanden. Für Aby M. Warburg war die Ellipse des Grundrisses ein Symbol für die Harmonie von polaren Gegensätzen. Die Fassade mit ihrer Klinkerverkleidung gehört zur hamburgischen Architektur der 1920er Jahre und sollte eine Reverenz an seine Vaterstadt sein. Warburg wählte bewusst eine unauffällige Form des Hauses, dafür hatten die Bücher es umso mehr in sich. Vom Haus seiner Großeltern an der Rothenbaumchaussee übernahm Warburg die gusseisernen klassizistischen Geländerfüllungen, die eigentlich so gar nicht zu dem modern wirkenden Haus passen wollen. Nach dem Krieg wurden hier übrigens die ersten Tagesschauen produziert. 1993 erwarb die Stadt Hamburg das Haus, um hier wieder ein „Kultur- und Wissenschaftszentrum" einzurichten. Noch heute sind die Kürzel „KBW" – Kulturwissenschaftlich Bibliothek Warburg – auf dem Klinker zu sehen.

Heilwigstraße 116
Telefon 040-428386148
U1 Klosterstern
nach Anmeldung

Wasserturm

Im Sternschanzenpark, einem ehemals beliebten Freizeitpark Hamburgs, steht der einst größte Wasserturm Europas. Die Sternschanze wurde als Teil der Wallanlagen 1682 gebaut und hatte im „Laufgraben" und im „Durchschnitt" Verbindung zu ihnen. Von hier aus konnte man die Niederungen von Schlump und Eimsbüttel überblicken. 1910 wurde hier der Wasserturm erbaut, der Architekt Wilhelm Schwarz nannte den Entwurf „Jörn Uhl" nach dem Helden eines völkischen Romans von Gustav Frenssen (1863-1945). Das monumentale Bauwerk sollte als bodenverhaftet, norddeutsch und wehrhaft gelten. Bis 1961 wurde der 57 Meter hohe Wasserturm, der einen Durchmesser von 32 Metern hat, in seiner ursprünglichen Funktion genutzt.

Der Sternschanzenpark war bei der Bevölkerung der Sternschanze als Naherholungsgebiet sehr beliebt, daher kam es zu erheblichen Protesten, als der Turm zunächst 1990 für nur 20.000 Euro von den städtischen Wasserwerken an einen Investor verkauft wurde, der aber – anders als der Vertrag vorsah – bei der Nutzung keine 50 Prozent öffentlicher Räume vorsah, sondern, als die Erweiterung der Messe absehbar wurde, ein Luxushotel errichten wollte. Als

Ersatz dafür zahlte der Bauträger eine Million Euro an das Bezirksamt Eimsbüttel. Zum Baubeginn 2005 kam es wieder zu einer Demonstration mit 1.000 Teilnehmern im Viertel, das dabei großflächig von der Polizei abgeriegelt wurde. Aber: Wer erinnert sich in 19 Jahren, wenn der Pachtvertrag mit dem Betreiber ausläuft, wohl noch an all diesen Streit? Der Park ist kleiner geworden, aber immer noch gut besucht.

Sternschanze 6
U3, S3, S21 Sternschanze

Willkomm-Höft

Ein absolutes „Muss" bei jedem Hamburg-Besuch ist Willkomm-Höft in Wedel-Schulau an der Elbe. Hier wird mit riesigen Lautsprechern jedes Schiff, das nach oder von Hamburg fährt, mit der Landeshymne begrüßt und verabschiedet. Über 250 Nationalhymnen sind gespeichert und werden bei Bedarf abgespielt. Die Sprecher in der Kabine neben dem Ausgang zur Terrasse des Schulauer Fährhauses, die meistens ehemalige Kapitäne sind, stellen jedes Schiff vor und begrüßen es dann einmal mit dem „Dippen" der Hamburger Fahne an dem 40 Meter hohen Fahnenmast. Das ist der internationale Gruß, und mit Flaggen werden „U" und „W" gewunken – der Seemannswunsch einer „Guten Reise" – woraufhin das Schiff seinerseits durch das Dippen seiner Flagge antwortet. Der Begrüßungskapitän bekommt vom Hamburger Schiffsmeldedienst (SMD) laufend Meldungen über die Schiffsbewegungen auf der Elbe und hat dadurch eine gute Arbeitsgrundlage. Weil sich ab den SMD-Stationen Hamburg-Finkenwerder und Stader Sand die Reihenfolge der Schiffe jedoch ändern kann, muss er aber immer „auf Sicht" arbeiten, das heißt mit Hilfe des Fernglases die Nationalität des nahenden Schiffes erkennen, damit er die richtige Zeremonie wählen kann. Danach vermittelt er den Gästen des Fährhauses über Lautsprecher vielfältige Informationen über das Schiff, welches soeben begrüßt oder verabschiedet wurde. Über 16.000 Karteikarten und der tägliche Hafenbericht sind seine Haupt-Informationsquellen. Wird ein Schiff nicht durch die Lautsprecher, sondern nur durch das Dippen der Flagge begrüßt, so bedeutet das lediglich, dass dieses Schiff kleiner als 500 Bruttoregistertonnen ist oder Deutschlands Küstenbereich nicht verlässt. Solche Schiffe dürfen akustisch nicht begrüßt werden. Auch vor 8 Uhr morgens und nach 20 Uhr beziehungsweise nach Sonnenuntergang darf nicht mehr begrüßt werden. Die Schiffsbegrüßungsanlage gibt es seit 1952, und wir wollen hoffen, dass sie ihren altertümlichen Charme, wenn die Lautsprecher blechern scheppern, noch lange bewahren. Für Hamburg und für uns.

Parnassstrasse 29
S1 Wedel danach ein kleiner Spaziergang zur Elbe
8-20 oder bis Sonnenuntergang

Abbildungsverzeichnis

S. 6	ABC-Straße © Olaf Irlenkäuser	S. 51	Görtz-Palais © Olaf Irlenkäuser
S. 8	Afrikahaus © Cekora/PIXELIO	S. 52	Grindelviertel © Olaf Irlenkäuser
S. 9	Airbus-Werk © Airbus	S. 54	Grüne Brücke und Hafenbahn © Olaf Irlenkäuser
S. 11	Altenwerder Kirche © Maren Bessler/PIXELIO	S. 56	Hafenschuppen © Peter Raik, Museum der Arbeit
S. 13	Alter Elbtunnel © Tina/PIXELIO	S. 57	Hamburger Jedermann © Michael Batz
S. 14	Altonaer Balkon © erstepresse	S. 59	Harburger Schloss Stich von Merian (1654)
S. 16	Ballinstadt © BallinStadt	S. 61	Holthusenbad © Bäderland Hamburg GmbH
S. 18	Barkassen-Hafenrundfahrt © Waltraud Strobel/	S. 62	Hulbe-Haus © Achim Lückemeyer
S. 19	Bergedorfer Schloss © Anne Bermüller	S. 66	Jenischpark © Olaf Irlenkäuser
S. 21	Bismarck-Denkmal © Olaf Irlenkäuser	S. 68	Jüdischer Friedhof © Martin Krach
S. 23	Börse © Handelskammer HH	S. 70	Köhlbrandbrücke © Bernd Sterzl/PIXELIO
S. 25	Buchhandlung im Literaturhaus © Olaf Irlenkäuser	S. 72	Krugkoppelbrücke © Hyperfinch/PIXELIO
S. 27	Café Liebermann © Hamburger Kunsthalle	S. 74	Krypta in St. Michaelis © Hamburger Michel
S. 29	Café Paris © Café Paris	S. 75	Krypta in St. Nikolai © Dörte Huß
S. 30	Chilehaus © Moritz Apfelbaum	S. 76	Laeiszhof © Olaf Irlenkäuser
S. 31	Christianskirche © Olaf Irlenkäuser	S. 78	Lessing-Denkmal © Olaf Irlenkäuser
S. 33	Deichtorhallen © Olaf Irlenkäuser	S. 79	Leuchtturm Neuwerk © Markus Kräft/PIXELIO
S. 34	Dockland © Bernd Sterzl/PIXELIO	S. 81	Marco-Polo-Terrasse © Bernd Sterzl/PIXELIO
S. 37	Lombardsbrücke © Olaf Irlenkäuser	S. 83	Mellin-Passage © Olaf Irlenkäuser
S. 39	Eiskeller im Hotel Louis C. Jacob © Hotel Louis C. Jacob	S. 84	Millerntorstadion © FC St. Pauli von 1910 e.V.
S. 41	Fähre 62 © Olaf Irlenkäuser	S. 86	Miniatur-Wunderland © Ulla Trampert/PIXELIO
S. 43	Fischauktionshalle © A. Dreher/PIXELIO	S. 88	Münzburg © Olaf Irlenkäuser
S. 44	Fischbeker Heide © Zicke-Yasmin/PIXELIO	S. 89	Museum der Arbeit © Bernd Sterzl/PIXELIO
S. 46	Fleetschlösschen © Olaf Irlenkäuser	S. 90	MuseumshafenOevelgönne © Olaf Irlenkäuser
S. 47	Freibad Finkenwerder © Bäderland HH GmbH	S. 92	Oberhafen-Kantine © Oberhafen-Kantine
S. 49/50	Gartenhaus von Salomon Heine © Stiftung Historische Museen Hamburg	S: 95	Patriotische Gesellschaft © Olaf Irlenkäuser
		S. 96	Pressehaus Speersort © Olaf Irlenkäuser
		S. 97/98	Puppenmuseum © Elke Dröscher

S. 99	Rathaus-Innenhof © Sina Buß/PIXELIO	S. 115	Stadtpark © Marco Barnebeck
S. 101	Rickmer Rickmers © Bernd Sterzl/PIXELIO	S. 117	Sternwarte Bergedorf © Anette Müller
S. 105	Alsterfleete © Bernd Sterzl/PIXELIO	S. 118	Strand Steinwerder © Johannes Kohl/PIXELIO
S. 106	Russische Kirche © Bernd Sterzl/PIXELIO	S. 119	Strand Wittenbergen © Silvio Tanlaf/PIXELIO
S. 107	Schimmelmann-Mausoleum © GeorgHH/Wikipedia	S. 121	Strandperle © Strandperle Hamburg
S. 109	Schröderstift © Johannes Kohl/PIXELIO	S. 122	Teehaus © Olaf Irlenkäuser
S. 111	Schweinesand JoachimG/Wikipedia	S. 124	Trostbrücke © Olaf Irlenkäuser
S. 113	Seemannskirchen © Bernd Sterzl/PIXELIO	S. 126	Wallanlagen © Bernd Sterzl/PIXELIO
S. 114	SeHHhafen © Jan Peters, SeHHafen	S. 130	Wasserturm © Bernd Sterzl/PIXELIO

Literatur

Bilz, Susanne: 200 Hamburger Lieblingsadressen. Hamburg 2008.
Breitfeld, Oliver: Campagna am Elbhang. Der Römische Garten in Hamburg-Blankenese. Hamburg 2006.
Brenken, Anna / Kossack, Egbert: Hamburg. Spaziergänge. Hamburg 1989.
Brenken, Anna: Stille Orte in Hamburg. Hamburg 2007.
Brenken, Anna: Cool Shops Hamburg. Düsseldorf u. a. 2006.
Brenken, Anna: Ein perfektes Wochenende in... Hamburg. München 2008.
Hipp, Hermann: Freie und Hansestadt Hamburg. Geschichte, Kultur und Stadtbaukunst an Elbe und Alster. Köln 1996.
Irlenkäuser, Olaf: Landhäuser und Villen in Hamburg Bd. 1: Blankenese. Berlin 2008.
Irlenkäuser, Olaf: Landhäuser und Villen in Hamburg Bd. 3: Alster. Berlin 2009.
Irlenkäuser, Olaf: Russland in Hamburg. Herausgegeben von der ZEIT-Stiftung Ebelin und Gerd Bucerius. Hamburg 2007.
Irlenkäuser, Olaf / Samtleben, Stephan: Hamburg. 69 Dichter und ihre Stadt. Hamburg 2006.
Meyer-Burckhardt, Jacqueline (Hg.): Hamburg, wo es am schönsten istw – 66 Lieblingsplätze. Berlin 2006.
Probsthayn, Lou A. : Hamburg geheim. Die unbekannten Seiten der Stadt. Hamburg 1998.
Stoltenberg, Annemarie / Seufert, Michael: Elbe, Alster, Jungfernstieg. Hamburger Landgänge. Wien 2002.
Tilgner, Daniel: Die Geschichte des Görtz-Palais. Hamburg 1995.
Tilgner, Daniel: Kleines Lexikon Hamburger Begriffe. Hamburg 1999/2003.

Bestellen Sie auch aus unserem Hamburg-Programm:

CULTURCON medien
Bernd Oeljeschläger

Choriner Straße 1
10119 Berlin
Telefon 030 / 34 39 84 40
Telefax 030 / 34 39 84 82

Ottostraße 5
27793 Wildeshausen
Telefon 04431 / 955 98 78
Telefax 04431 / 955 98 79

Erhältlich im Buchhandel oder unter www.culturcon.de